俄罗斯

黑龙江省
Hēilóngjiāng Shěng

● 哈尔滨
Hā'ěrbīn

长春
Chángchūn

内蒙古自治区
Nèiměnggǔ Zìzhìqū

吉林省
Jílín Shěng

辽宁省
Liáoníng Shěng

□ 集安
Ji'ān

北京市
Běijīng Shì

沈阳
Shěnyáng

朝鲜

呼和浩特
Hūhéhàotè

★

□ 大连
Dàlián

大同
Dàtóng

石家庄
Shíjiāzhuāng

天津市
Tiānjīn Shì

渤海

东京 ★

太原
Tàiyuán

河北省
Héběi Shěng

● 济南
Jǐnán

韩国

山西省
Shānxī Shěng

山东省
Shāndōng Shěng

□ 青岛
Qīngdǎo

黄海

洛阳
Luòyáng

□

● 郑州
Zhèngzhōu

江苏省
Jiāngsū Shěng

河南省
Hénán Shěng

合肥
Héféi

●

扬州
□ Yángzhōu

苏州
Sūzhōu

安徽省
Ānhuī Shěng

● 南京
Nánjīng

□

上海市
Shànghǎi Shì

湖北省
Húběi Shěng

武汉
Wǔhàn

●

长沙
Chángshā

杭州
Hángzhōu

浙江省
Zhèjiāng Shěng

东海

湖南省
Húnán Shěng

江西省
Jiāngxī Shěng

● 南昌
Nánchāng

福州
● Fúzhōu

台北
Táiběi

广东省
Guǎngdōng Shěng

福建省
Fújiàn Shěng

厦门
□ Xiàmén

台湾
Táiwān

广州
Guǎngzhōu

深圳
□ Shēnzhèn

澳门
Aòmén

● 香港
Xiānggǎng

海口
Haǐkǒu

南海

★	首都
●	省都
□	有名都市
⊔⊔	万里の長城

スタートライン
中国語Ⅰ ［初級］

久米井 敦子・余 慕 著

駿河台出版社
SURUGADAI SHUPPANSHA

音声について

本書の音声は、下記サイトより無料でダウンロード、
およびストリーミングでお聴きいただけます。

https://stream.e-surugadai.com/books/isbn978-4-411-03129-7/

＊ご注意
・PC からでも、iPhone や Android のスマートフォンからでも音声を再生いただけます。
・音声は何度でもダウンロード・再生いただくことができます。
・当音声ファイルのデータにかかる著作権・その他の権利は駿河台出版社に帰属します。
　無断での複製・公衆送信・転載は禁止されています。

まえがき—中国語を学ぶみなさんへ

　本書は第二外国語の入門・初級教材として編集されたテキストです。1週間に180分（90分×2コマ）、1年間の授業を目安に作りました。

　第二外国語教育の役割とは何だろう？　本書の編集に向けてわたしたちはその問題をずっと話し合ってきました。答えは一つではありませんが、わたしたちは「大学の授業はスタートラインに立つための準備期間」という一致した考えのもとで本書をつくりました。
　本書を手にして、みなさんは今がその「スタートライン」だと思っていませんか？　そう、今は中国語を「学ぶ」スタートラインです。でも本当のスタートはもっと先—みなさんが実際に中国の社会や文化、人々と向き合い、中国語を使い始めるその時です。それは、中国へ行ってビジネスをするという少し遠い将来でもあるし、卒論を書くために中国語の文献を読む、中国人留学生と交流をするなど、ごく近い将来でもあります。みなさんは親（先生）の深い愛情（授業）にはぐくまれながら、旅立ちに向けて燃料（語彙力）を蓄え、自分の地図（文法力）を作らなければなりません。
　本書がそのための一助となればこんなにしあわせなことはありません。
　本当のスタートラインに立つその日のために、さあはじめましょう!!

本書の使い方—目的と必要に応じた使い方

　本書は以下のセクションから構成されています。

[語法重点]（文法のポイント）：解説を必要最小限に抑え、文型を理解しやすい簡潔な例文を厳選しました。

[课文]（本文）：[語法重点]を振り返りながら自然で美しい口語表現を学べるように配慮しました。そのため初級文法の規範から少しはみ出したような表現も、あえて取り上げています。

[练习]（練習）：各課5種類の練習問題を用意しました。Ⅰ、Ⅱは口頭練習で、習った中国語を実際に使うという意識づけを目的としています。Ⅰは何度も発音をして、暗記しましょう。Ⅱの答えは1つではありません。グループで話し合って発表し合うなど、先生の指示に従って自由な雰囲気で勉強してください。Ⅲ以降は文法や作文の練習です。解答は簡体字のみと指示していますが、余裕があればピンインも書いてみましょう。

[说说看看]（言ってみよう）：重要文型の理解を深め、さらに語彙数を増やすことをねらって設けました。

大学に入り中国語を学ぼうと決めたとき、みなさんはどんな気持ちでしたか？

● 「必修科目だし、なんとなく」と思った人

→ まず、語法重点 を完璧に理解し、例文を何度も読み書きしましょう。授業で重点的に取り上げられるのもこの部分です。

● 「中国語をずっと学びたかった。がんばるぞ！」と思った人

→ 語法重点 を学んだ上で、課文 を暗唱できるまで音読してください。語彙力の強化になることはもちろん、文法学習だけでは学べないような生きた表現が身に付き、表現力がアップします。さらに 練習 で確認作業をしましょう。

● 「検定試験を取って中国語を極めるぞ！」と、熱く燃えている人

→ 語法重点 、課文 練習 を完全にマスターしたうえで、说说看看 をすべて覚え、単語量を増やしましょう。この項目は授業用ではなく自習用として設けました。

　第二外国語学習者の弱点は語彙力だと言われます。その原因は授業数の少なさの一言に尽きます。週に2コマの授業で使いこなせる教科書には、おのずと量的な限界があります。だからといって内容を詰め込み過ぎた教科書は、専門科目も勉強しなければならない学生に余計な負担をかけることになります。本書は第二外国語教育が常に抱えるこの矛盾を解決する1つの方法として、上記のように、みなさんのモチベーションやニーズに合わせ、内容を取捨選択できるような構造にしました。

　本書の単語数は約550語です。語法重点 には約230語、課文 、说说看看 にはそれぞれ約130語の新出単語が割り振られています。「中国語検定」4級の必要語彙数は500～1000語です。もし1年生を終えた時点で4級を取ろうと思えば、本書の単語をすべて覚えれば、この最低ラインを楽に超えることができます。

　現在、多くの学生が諸外国語の検定試験を目指して就職活動に備えています。「中国語検定」も年々受験者数が増え、多くの参考書が出版されています。市販の教材を活用するのは、応用力をつけ、多様な設問に対処する幅広い知識を身につける上で大切なことです。でも、どんなに優れた市販教材があろうと、1年間の学習を共にした教科書ほど頼りになるものはないはずです。

　数年後、あるいはもう少し遠い将来、みなさんが再び中国語を学ぶ縁に恵まれたとき、まず本書を開いてみてください。教室の楽しい雰囲気やクラスメートの顔、そして先生の声が、記憶の奥底から再び浮かび上がるでしょう。その時こそが、みなさんの「本当のスタート」です。

2019年　晩秋

著　者

目　次

まえがき　　3
本書の使い方　　3

◆発　音　……………………………………………………………………　8
Ⅰ．声調（四声・軽声）　　　　　　　Ⅴ．アール化
Ⅱ．母音　　　　　　　　　　　　　　Ⅵ．隔音記号
Ⅲ．子音　　　　　　　　　　　　　　Ⅶ．声調変化
Ⅳ．ピンインの表記上の注意

◆第一課　…………………………………………………………………　12

我是日本人
　　1、人称代名詞
　　2、是 shì 断定を表す
　　3、也 yě、都 dōu：副詞
　　4、姓 xìng、叫 jiào：名前の聞き方、名のり方

◆第二課　…………………………………………………………………　18

这是书
　　1、这 zhè、那 nà、哪 nǎ：指示代名詞①
　　2、吗 ma：疑問を表す
　　3、的 de：所有を表す

◆第三課　…………………………………………………………………　24

我去中国
　　1、去 qù、来 lái、买 mǎi、吃 chī：動詞
　　2、什么 shénme、谁 shéi：疑問詞
　　3、这个 zhèige、那个 nèige、哪个 něige
　　　　：指示代名詞②

◆第四課　…………………………………………………………………　30

汉语很难
　　1、难 nán、容易 róngyì、冷 lěng、热 rè：形容詞
　　2、反復疑問文

◆第五課　…………………………………………………………………　36

今天几月几号
　　1、日付・時刻
　　2、呢 ne：疑問义を簡略化する

◆第六課　…………………………………………………………………　42

我有手机
　　1、有 yǒu：所有を表す
　　2、的 de の省略
　　3、个 ge、本 běn、张 zhāng：量詞
　　4、二 èr・两 liǎng：2つの「2」
　　5、几 jǐ・多少 duōshao：2つの「いくつ」

◆第七課 48

这儿是公园

1、这儿 zhèr、那儿 nàr、哪儿 nǎr：指示代名詞③
2、外边儿 wàibianr、里边儿 lǐbianr：方位詞
3、有 yǒu、在 zài：存在を表す

◆第八課 54

我学两年

1、動作の時間量・回数
2、在 zài、从 cóng、到 dào、跟 gēn：よく使われる前置詞

◆第九課 60

我买了一个苹果

1、了 le ①：動作の完了を表す
2、不・没（有）：２つの否定副詞
3、过 guo：動作の経験を表す

◆第十課 66

他二十岁了

1、了 le ②：変化、実現を表す
2、了 le を置く位置

◆第十一課 72

我想看熊猫

1、想 xiǎng、要 yào：願望を表す
2、得 děi、要 yào：義務を表す
3、应该 yīnggāi：当然を表す

◆第十二課 78

我会说汉语

1、会 huì、能 néng、可以 kěyǐ：可能を表す
2、連動文

付録

　◆時間詞一覧 84
　◆３桁以上の数詞 85

索引 86

スタートライン中国語 I
［初級］

発　音

Ⅰ、声調（四声・軽声）

第一声：高く平らに　　ā

第二声：一気に上げる　á

第三声：低く抑える　　ǎ

第四声：一気に下げる　à

軽　声：軽く短く　　　a

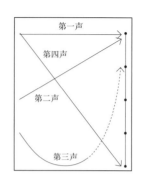

Ⅱ、母音

①単母音

a	o	e	u	i	ü	er
			(wu)	(yi)	(yu)	

②複母音

ai	ei	ao	ou	
ia	ie	ua	uo	üe
(ya)	(ye)	(wa)	(wo)	(yue)
iao	iou	uai	uei	
(yao)	(you)	(wai)	(wei)	

③鼻音つき母音

an	en	in	ian	uan	uen	ün	(-ong)
		(yin)	(yan)	(wan)	(wen)	(yun)	
ang	eng	ing	iang	uang	ueng	üan	iong
		(ying)	(yang)	(wang)	(weng)	(yuan)	(yong)

Ⅲ、子音

	無気音	有気音		
唇　音	b(o)	p(o)	m(o)	f(o)
舌尖音	d(e)	t(e)	n(e)	l(e)
舌根音	g(e)	k(e)	h(e)	
舌面音	j(i)	q(i)	x(i)	
捲舌音	zh(i)	ch(i)	sh(i)	r(i)
舌歯音	z(i)	c(i)	s(i)	

Ⅳ、ピンインの表記上の注意

①声調記号は母音の上につける。複母音の場合は次の優先順序で。

　・a があれば a の上　　yào　tián

　・a がなければ e か o の上　miè　yǒu

　・i と u が並んだら後ろに　duì　diū

②複母音 uei、uen、iou の前に子音が置かれるときは、-ui、-un、-iu とつづる。

③子音のない音節が母音 i、u、ü で始まるときは、それぞれ y(i)、w(u)、yu とつづる。

　一 yī(=i)　　五 wǔ(=u)　　鱼 yú(=ü)　　叶 yè(=ie)

　问 wèn(=uen)　　有 yǒu(=iou)　　月 yuè(=üe)

Ⅴ、アール化：語尾で舌を巻くこと。慣用的に使用する。簡体字"儿"、ピンインは"r"で表す。

　huār 花儿　　māor 猫儿　　shìr 事儿　　kòngr 空儿　　diǎnr 点儿

Ⅵ、隔音記号：複音節の単語で2音節目以降の字が a、o、e で始まるときに使い、音の切れ目を表す。

　十二 shí'èr　　西安 Xī'ān　　木偶 mù'ǒu

Ⅶ、声調変化

①三声＋三声⇒二声＋三声

你好！ Nǐhǎo! ⇒ Níhǎo!

（表記は三声のまま）

② "不" bù

後ろに四声がつづくときは二声。表記も二声。

不去。Bùqù. ⇒ Búqù.

③ "一" yī

A、単語の末尾、および順番を表すときは一声。

第一课 dìyīkè（第 1 課）　　第一个 dìyīge（1 個目）　　三十一 sānshiyī

B、数量を表すときは二声か四声。

・後ろに四声が続くときは二声。

一件 yíjiàn（1 着）　　一块 yíkuài（1 元）　　一个 yíge（1 個）＊ "个" はもとは四声。

・それ以外の声調が続くときは四声。

一张 yìzhāng（1 枚）　　一条 yìtiáo（1 本）　　一本 yìběn（1 冊）

练 习 Liànxí

① 数詞を読み、覚えましょう。 9

一 yī 二 èr 三 sān 四 sì 五 wǔ 六 liù 七 qī 八 bā 九 jiǔ 十 shí

② 正しい位置に指示された声調記号をつけ、音読しましょう。 10

xie（三声） ai（四声） yue（一声） niao（三声）

tui（四声） qiu（二声） shei（二声）

③ 読み比べてみましょう。 11

ze - zi - zu yan - yang chi - qi - qu shao - xiao cen - ceng - cong

④ 音読してみましょう。 12

你好! Nǐhǎo!（こんにちは！）

老师好! Lǎoshī hǎo!（先生こんにちは！）

上课! Shàng kè!（授業を始めます！）

下课! Xià kè!（授業を終わります！）

谢谢! Xiè xie!（ありがとう！）

再见! Zài jiàn!（さようなら！）

第一課

我是日本人
Wǒ shì Rìběnrén

语法重点 Yǔfǎ zhòngdiǎn

1、人称代名詞

13

	一人称	二人称	三人称
単数	我 wǒ	你 / 您 nǐ/nín	他・她 tā
複数	我们 wǒmen 咱们 zánmen	你们 nǐmen	他们 tāmen

* "您"は"你"の尊敬表現。

* "咱们"は話し相手を含めた「私たち」。

2、是 shì ：断定を表す

14

a： 動詞"是 shì"は断定を表します。

> A＋"是 shì"＋B→「AはBである」

①我是日本人。Wǒ shì Rìběnrén.

②他是老师。Tā shì lǎoshī.

b： 否定は"是"の前に"不 bù"を置きます。

> A＋"不是 búshì"＋B→「AはBではない」

* "是"は四声なので、"不"は二声で発音します。(⇒ P10)

③她不是学生。Tā búshì xuésheng.

④我不是中国人。Wǒ búshì Zhōngguórén.

3、也 yě、都 dōu ：副詞

15

"也 yě"（〜もまた）、"都 dōu"（すべて）などの副詞は動詞の前に置きます。

⑤他也是韩国人。Tā yě shì Hánguórén.

⑥我们都是大学生。Wǒmen dōu shì dàxuéshēng.

⑦他们都不是美国人。Tāmen dōu búshì Měiguórén.

4、姓 xìng、叫 jiào ：名前の聞き方、名のり方

16

a： 動詞 "姓 xìng" と "叫 jiào" はうしろに名前を置き、名のるときに使います。"姓" のうしろは姓、"叫" のうしろは姓名または下の名前を置きます。

⑧我姓中村。Wǒ xìng Zhōngcūn.

⑨我叫幸子。Wǒ jiào Xìngzǐ.

⑩我姓张，叫张力。Wǒ xìng Zhāng, jiào Zhāng Lì.

b： 名前のたずね方は次のとおりです。

⑪您好！您贵姓？ Nín hǎo! Nín guì xìng?

　 我姓李。Wǒ xìng Lǐ.

⑫你好！你叫什么名字？ Nǐ hǎo! Nǐ jiào shénme míngzi?

　 我叫王建国。Wǒ jiào Wáng Jiànguó.

17

是	shì	〜である
日本人	Rìběnrén	日本人
老师	lǎoshī	先生
不是	búshì	〜ではない
学生	xuésheng	学生、生徒
中国人	Zhōngguórén	中国人
也	yě	〜もまた
韩国人	Hánguórén	韓国人
都	dōu	すべて
大学生	dàxuéshēng	大学生
美国人	Měiguórén	アメリカ人
姓	xìng	〜という姓である
叫	jiào	〜という名である
您好	nínhǎo	こんにちは（尊敬表現）

贵姓	guìxìng	（姓をたずねる尊敬表現）
你好	nǐhǎo	こんにちは
什么	shénme	何
名字	míngzi	名前

| 呢 | ne | 〜は？ |

司机	sījī	運転手
警察	jǐngchá	警察官
高中生	gāozhōngshēng	高校生
吗	ma	〜か？⇒第2課

19

说说看看 Shuōshuo kànkan

您是老师。　　Nín shì lǎoshī.

我是学生。　　Wǒ shì xuésheng.

伊藤是司机。　Yīténg shì sījī.

小林是警察。　Xiǎolín shì jǐngchá.

他们也是大学生。　Tāmen yě shì dàxuéshēng.

她们都是高中生 。　Tāmen dōu shì gāozhōngshēng.

课 文 Kèwén

18

A 你 好! 你 贵姓?
　Nǐ hǎo! Nǐ guìxìng?

B 我 姓 中村。 你 叫 什么 名字?
　Wǒ xìng Zhōngcūn. Nǐ jiào shénme míngzi?

A 我 叫 张力。
　Wǒ jiào ZhāngLì.

B 我 叫 中村 太平。
　Wǒ jiào Zhōngcūn Tàipíng.

A 我 是 中国人。 你 呢?
　Wǒ shì Zhōngguórén. Nǐ ne?

B 我 不是 中国人, 我 是 日本人。
　Wǒ búshì Zhōngguórén, wǒ shì Rìběnrén.

A 我 是 老师。 你 也 是 老师 吗?
　Wǒ shì lǎoshī. Nǐ yě shì lǎoshī ma?

B 我 不是 老师, 我 是 大学生。
　Wǒ búshì lǎoshī, wǒ shì dàxuéshēng.

Ⅰ 次の文をまず先生と一緒に何度も音読しましょう。慣れてきたら教科書を見ずにリピートします。その後、シャドウイングやディクテーションをしましょう。

①我是日本人。Wǒ shì Rìběnrén.

②你们是大学生。Nǐmen shì dàxuéshēng.

③他不是老师。Tā búshì lǎoshī.

④你叫什么名字？ Nǐ jiào shénme míngzi?

⑤我姓铃木。Wǒ xìng Língmù.

Ⅱ 以下のようなとき、中国語でどういえばよいでしょうか？ この課で学んだ表現を応用してみましょう。

①年上の人の名前が知りたいとき。

_____

②自分の身分（職業）を伝えたいとき。

_____

③自分の国籍を伝えたいとき。

_____

Ⅲ 次の各語句にピンインをつけなさい。

①日本人（　　　　　　　　　　）

②中国人（　　　　　　　　　　）

③学生 　（　　　　　　　　　　）

④大学生（　　　　　　　　　　）

⑤老师 　（　　　　　　　　　　）

Ⅳ 与えられた日本語の意味になるように、それぞれについて示してある語句を並び替え
なさい。

①【是　我们　都　学生】。：私たちはみな学生です。
_____

②【也　日本人　她　是】。：彼女も日本人です。
_____

③【不　他　中国人　是】。：彼は中国人ではありません。
_____

④【姓　我　李 Lǐ】：私は李といいます。
_____

⑤【叫　她　赵红 Zhào Hóng】。：彼女は趙紅といいます。
_____

Ⅴ 次の日本語を中国語に訳し、簡体字で表記しなさい。句読点を適宜用いること。

①私は中国人ではありません。
_____

②私たちはみな先生です。
_____

③彼は学生です。
_____

④私は鈴木といいます。鈴木太郎です。
_____

⑤彼は何といいますか？　彼は陳志剛といいます。
_____

＊＊＊＊＊＊＊＊＊＊＊＊＊＊＊＊＊＊＊＊＊

铃木　Língmù　鈴木　　太郎　Tàiláng　太郎　陈志刚　Chén Zhìgāng　陳志剛

第二課

这 是 书
Zhè shì shū

语法重点 Yǔfǎ zhòngdiǎn

1、这 zhè、那 nà、哪 nǎ　　：指示代名詞①　　🎵20

	これ	それ／あれ	どれ
単数	这 zhè	那 nà	哪 nǎ
複数	这些 zhèxiē	那些 nàxiē	哪些 nǎxiē

①这是书。Zhè shì shū.

②那是手机。Nà shì shǒujī.

③这些都是课本。Zhèxiē dōu shì kèběn.

2、吗 ma　　：疑問を表す　　🎵21

a：文末に "吗 ma" を置くと、疑問文になります。この疑問文は「はい」か「いいえ」を問う当否疑問文です。

④这是词典吗？　Zhè shì cídiǎn ma?

⑤那是电脑吗？　Nà shì diànnǎo ma?

b：中国語の「はい」と「いいえ」は、問われた文の述語の肯定と否定で表します。

⑥这是词典吗？ —是，这是词典。Zhè shì cídiǎn ma? Shì, zhè shì cídiǎn.

⑦那是课本吗？ —不是，那是本子。Nà shì kèběn ma? Búshì, nà shì běnzi.

＊「いいえ」は "不" だけで表すこともできます。

这是手机吗？ —不，这是电脑。

3、的 de ：所有を表す

a： 人を表す語と名詞の間に "的 de" を置くと、誰のものかを表すことができます。

> 人／物＋ "的 de" ＋名詞→「～の—」

⑧这是我的书包。Zhè shì wǒ de shūbāo.

⑨那是他的笔。Nà shì tā de bǐ.

b： "的" のうしろの名詞は省略可能です。

⑩这是我的，那是老师的。Zhè shì wǒ de, nà shì lǎoshī de.

c： 所有を表す "的" は、前に人称代名詞、うしろに人間関係を表す語が置かれる場合は省略可能です。

⑪他是我爸爸。Tā shì wǒ bàba.

⑫她是铃木的妈妈。Tā shì Língmù de māma.

d： 前に人称代名詞、うしろに所属を表す語が置かれる場合も "的" は省略可能です。

⑬这是我们学校。Zhè shì wǒmen xuéxiào.

⑭那是他们公司。Nà shì tāmen gōngsī.

书	shū	本
手机	shǒujī	携帯電話
课本	kèběn	教科書
词典	cídiǎn	辞書、辞典
电脑	diànnǎo	コンピューター
本子	běnzi	ノート
的	de	〜の
书包	shūbāo	かばん
笔	bǐ	ペン
爸爸	bàba	お父さん、父
学校	xuéxiào	学校
公司	gōngsī	会社

电视机	diànshìjī	テレビ
中文	Zhōngwén	中国語

超市	chāoshì	スーパーマーケット
商店	shāngdiàn	店
邮局	yóujú	郵便局
银行	yínháng	銀行
小说	xiǎoshuō	小説
杂志	zázhì	雑誌
教室	jiàoshì	教室
宿舍	sùshè	寮、宿舎

25

说说看看 Shuōshuo kànkan

这是超市。	Zhè shì chāoshì.
那是商店。	Nà shì shāngdiàn.
这是邮局。	Zhè shì yóujú.
那是银行。	Nà shì yínháng.
这是你的小说。	Zhè shì nǐ de xiǎoshuō.
那是他的杂志。	Nà shì tā de zázhì.
这是我们的教室。	Zhè shì wǒmen de jiàoshì.
那是她们的宿舍。	Nà shì tāmen de sùshè.

课 文 Kèwén

A 这 是 电脑 吗?
Zhè shì diànnǎo ma?

B 这 是 电脑, 是 我 的 电脑。
Zhè shì diànnǎo, shì wǒ de diànnǎo.

A 那 也 是 电脑 吗?
Nà yě shì diànnǎo ma?

B 那 不是 电脑, 是 电视机。
Nà búshì diànnǎo, shì diànshìjī.

A 哪些 是 中文 课本?
Nǎxiē shì Zhōngwén kèběn?

B 那些 是 中文 课本。
Nàxiē shì Zhōngwén kèběn.

A 这些 都 是 你 的 课本 吗?
Zhèxiē dōu shì nǐ de kèběn ma?

B 不是 我 的, 是 老师 的。
Búshì wǒ de, shì lǎoshī de.

Ⅰ 次の文をまず先生と一緒に何度も音読しましょう。慣れてきたら教科書を見ずにリ
ピートします。その後、シャドウイングやディクテーションをしましょう。

①这是手机。Zhè shì shǒujī.

②那是我的书包。Nà shì wǒde shūbāo.

③他不是我妈妈。Tā búshì wǒ māma.

④你是老师吗？Nǐ shì lǎoshī ma?

Ⅱ 以下のようなとき、中国語でどういえばよいでしょうか？ この課で学んだ表現を応
用してみましょう。

①自分のお母さんを紹介するとき。

_____

②手元の物が自分の物ではないことを伝えるとき。

_____

Ⅲ 次の各語句にピンインをつけなさい。

①爸爸（　　　　　　　　　　　）

②妈妈（　　　　　　　　　　　）

③学校（　　　　　　　　　　　）

④公司（　　　　　　　　　　　）

⑤笔　（　　　　　　　　　　　）

Ⅳ 疑問文に書きかえ、漢字（簡体字）で書きなさい。

①这是词典。

_____

②那是书包。

_____

③这是他的书。

_____

④你是学生。

_____

⑤他是老师。

_____

Ⅴ 次の日本語を中国語に訳し、漢字（簡体字）で書きなさい。適宜句読点を使うこと。

①あれはあなたのノートですか？

_____

②これらはすべて彼の教科書です。

_____

③あれは先生のものです。

_____

④それは私のペンではありません。

_____

⑤彼は私たちの先生です。

_____

第三課

我去中国
Wǒ qù Zhōngguó

语法重点 Yǔfǎ zhòngdiǎn

1、去 qù、来 lái、买 mǎi、吃 chī　　　：動詞

a： 動作を表す語を「動詞」と言います。動詞を使うとき、中国語の文の語順は以下の通りになります。

> 主語（～が）＋動詞（～する）＋目的語（～を／に）

① 我去中国。Wǒ qù Zhōngguó.

② 他来北京。Tā lái Běijīng.

③ 我买书。Wǒ mǎi shū.

④ 他们吃饭。Tāmen chī fàn.

b： 否定文を作るときは動詞の前に "不 bù" を置きます。

⑤ 他们不来日本。Tāmen bù lái Rìběn.

⑥ 我不吃饭。Wǒ bù chī fàn.

＊ "不" の声調変化を確認しましょう！（⇒ P10）

2、什么 shénme、谁 shéi　　：疑問詞

「なに」、「だれ」など、具体的なことがらをたずねるときに使う語を疑問詞といいます。中国語で疑問詞を使うときは、肯定文と語順が変わりません。疑問を表す文末の "吗 ma" も使いません。

⑦ 你学什么？　　我学汉语。Nǐ xué shénme?　　Wǒ xué Hànyǔ.

⑧ 他是谁？　　　他是我的朋友。Tā shì shéi?　　Tā shì wǒ de péngyou.

3、这个 zhèige、那个 nèige、哪个 něige ：指示代名詞②

a： 第二課で学んだ指示代名詞 "这"、"那" は、断定を表す動詞 "是"（⇒第一課）
の主語以外の場合は原則として "这个 zhèige" "那个 nèige" というように、
うしろに量詞（⇒第六課）をつけなければなりません。（"哪" は量詞を伴わ
ずに単独で使われることはありません。）
たとえば、目的語（「これを」、「あれを」、「どれを」）として使われる場合は
これに相当します。

⑨我买这个。Wǒ mǎi zhèige.

⑩我吃那个。Wǒ chī nèige.

⑪你要哪个？ Nǐ yào něige?

×我买这。

＊ "这个"、"那个"、"哪个" はそれぞれ "zhège"、"nàge"、"nǎge" と読むこともできます。

b： また、指示代名詞を名詞の前に置き、連体修飾語として使うとき（「この～」、
「あの～」「どの～」）もこのルールに相当します。

⑫这个人是我的朋友。Zhèige rén shì wǒ de péngyou.

⑬那个课本是他的。Nèige kèběn shì tā de.

⑭你去哪个国家？ Nǐ qù něige guójiā?

×这人是我的朋友。

＊量詞 "个 ge" は「～個」。zhè、nà、nǎ の音が "个" の前で zhèi、nèi、něi と変化するのは、
数詞 "一 yī" が省略された名残です。つまり、"这个"、"那个" は "这一个"、"那一个"（「こ
の一個」、「あの一個」）と言っているのです。

zhè ＋ yí ＋ ge ⇒ zhèige　　　nà ＋ yí ＋ ge ⇒ nèige　　　nǎ ＋ yí ＋ ge ⇒ něige

去	qù	行く		大学	dàxué	大学
中国	Zhōngguó	中国		学	xué	学ぶ
来	lái	来る		菜	cài	料理
北京	Běijīng	北京				
买	mǎi	買う		写	xiě	書く
吃	chī	食べる		字	zì	字
饭	fàn	飯、食事		看	kàn	見る
不	bù	～ではない		画	huà	描く
汉语	Hànyǔ	中国語		画儿	huàr	絵
谁	shéi	だれ		唱	chàng	歌う
朋友	péngyou	友だち		歌儿	gēr	歌
这个	zhèige(zhège)	これ		蛋糕	dàngāo	ケーキ、カステラ
那个	nèige(nàge)	あれ、それ		喝	hē	飲む
要	yào	欲しい		可乐	kělè	コーラ
哪个	něige(nǎge)	どれ		听	tīng	聞く
国家	guójiā	国		音乐	yīnyuè	音楽
				电视	diànshì	テレビ

哪儿	nǎr	どこ

说说看看 Shuōshuo kànkan

我写字。	Wǒ xiě zì.
你看书。	Nǐ kàn shū.
他画画儿。	Tā huà huàr.
她唱歌儿。	Tā chàng gēr.
我们吃蛋糕。	Wǒmen chī dàngāo.
你们喝可乐。	Nǐmen hē kělè.
他们听音乐。	Tāmen tīng yīnyuè.
她们看电视。	Tāmen kàn diànshì.

A 你 去 哪儿?
　Nǐ　qù　nǎr?

B 我 去 大学。
　Wǒ　qù　dàxué.

A 你 学 什么?
　Nǐ　xué shénme?

B 我 学 汉语。
　Wǒ　xué　Hànyǔ.

A 你 吃 什么 菜?
　Nǐ　chī shénme cài?

B 我 吃 日本 菜。
　Wǒ　chī　Rìběn　cài.

A 你 要 哪个?
　Nǐ　yào　něige?

B 我 要 那个。
　Wǒ　yào　nèige.

Ⅰ 次の文をまず先生と一緒に何度も音読しましょう。慣れてきたら教科書を見ずにリ
ピートします。その後、シャドウイングやディクテーションをしましょう。

①我不去中国。Wǒ búqù Zhōngguó.

②你学什么？ Nǐ xué shénme?

③我买这个。Wǒ mǎi zhèige.

④你去哪个国家？ Nǐ qù něige guójiā?

Ⅱ 以下のようなとき、中国語でどういえばよいでしょうか？ この課で学んだ表現を応
用してみましょう。

①相手に欲しいものを選ばせるとき。

_____

②海外旅行の行き先を聞くとき。

_____

③手元の本の持ち主を探すとき

_____

Ⅲ 次の各語句にピンインをつけなさい。

①不是 (　　　　　　　　　　)

②不吃 (　　　　　　　　　　)

③不学 (　　　　　　　　　　)

④不买 (　　　　　　　　　　)

⑤不来 (　　　　　　　　　　)

Ⅳ 否定文に書きかえ、漢字（簡体字）で書きなさい。

①他学汉语。

_____

②我们去中国。

_____

③你吃这个。

_____

④他来日本。

_____

⑤她买那个。

_____

Ⅴ 次の日本語を中国語に訳し、漢字（簡体字）で書きなさい。適宜句読点を使うこと。

①あなたは何を食べますか？　　私はギョーザを食べます。

_____

②彼は誰ですか？　　彼は私の先生です。

_____

③これは何ですか？　　これは私のノートです。

_____

④彼は中国に来ますか？　　彼は来ません。

_____

⑤あなたはどれを食べますか？　　私はそれを食べます。

_____

＊＊＊＊＊＊＊＊＊＊＊＊＊＊＊＊＊＊＊＊

饺子　jiǎozi　ギョーザ

汉语很难

Hànyǔ hěn nán

语法重点 Yǔfǎ zhòngdiǎn

1、难 nán、容易 róngyì、冷 lěng、热 rè ：形容詞

32

a： ものごとの様子や状態を表す語を「形容詞」と言います。

　①中国大，日本小。Zhōngguó dà, Rìběn xiǎo.

　②冬天冷，夏天热。Dōngtiān lěng, xiàtiān rè.

　③这个好，那个也好。Zhèige hǎo, nèige yě hǎo.

b： 形容詞を単独で述語に用いると、複数のものを比較しているようなニュアンスを文に与えます。それを避けるためには、形容詞の前に副詞を置きます。

　④中国很大。Zhōngguó hěn dà.

　⑤夏天真热。Xiàtiān zhēn rè.

　×中国大。　　○中国大，…。

c： 副詞"很 hěn"は本来「とても」という意味ですが、基本的に実質的な意味はありません。ですので「～は—だ」というように、形容詞に修飾語をつける必要がなく、かつ比較のニュアンスを持たせなくてよいときは、形容詞の前に"很 hěn"を使います。

　⑥汉语很难。Hànyǔ hěn nán.

　⑦他很高。Tā hěn gāo.

d： 疑問文を作るときは文末に"吗"を、否定文を作るときは形容詞の前に"不"を置きます。"很 hěn"は必要ありません。

　⑧英语容易吗？ Yīngyǔ róngyì ma?

　⑨他不矮。Tā bù ǎi.

２、反復疑問文

a：動詞または形容詞の肯定型と否定型を並べると、疑問文を作ることができます。これを「反復疑問文」といいます。

> 肯定型＋否定型⇒「～ですか（ではありませんか）？」≒ "～吗？"

⑩这个好不好？　Zhèige hǎo buhao?

⑪他来不来？　Tā lái bulai?

b：動詞に目的語があるとき、否定型の部分は肯定型のすぐうしろ、または文末に置きます。

⑫他去不去上海？ ＝他去上海不去？　Tā qù buqu Shànghǎi?=Tā qù Shànghǎi buqu?

⑬你买不买词典？ ＝你买词典不买？　Nǐ mǎi bumai cídiǎn?=Nǐ mǎi cídiǎn bumai?

　　　　　　　　　　　　　　　　　＊反復疑問文の否定型の部分は軽声で読みます。

c："都 dōu"、"也 yě" などの副詞（⇒第一課）は反復疑問文で使うことができません。

×你也买不买词典?

○你也买词典吗?

生词表 Shēngcí biǎo

大	dà	大きい	外语	wàiyǔ	外国語
日本	Rìběn	日本	德语	Déyǔ	ドイツ語
小	xiǎo	小さい	什么地方	shénme dìfang	どこ
冬天	dōngtiān	冬	发音	fāyīn	発音
冷	lěng	寒い	和	hé	～と
夏天	xiàtiān	夏	语法	yǔfǎ	文法
热	rè	暑い	一样	yíyàng	同じである
好	hǎo	よい			
很	hěn	とても	春天	chūntiān	春
真	zhēn	ほんとうに	秋天	qiūtiān	秋
难	nán	難しい	暖和	nuǎnhuo	暖かい
高	gāo	高い	凉快	liángkuai	涼しい
英语	Yīngyǔ	英語	春	chūn	春
容易	róngyì	易しい	夏	xià	夏
矮	ǎi	背が低い	秋	qiū	秋
上海	Shànghǎi	上海	冬	dōng	冬

说说看看 Shuōshuo kànkan

春天、夏天、秋天、冬天　chūntiān、xiàtiān、qiūtiān、dōngtiān

春天暖和，夏天热。　Chūntiān nuǎnhuo, xiàtiān rè.

秋天凉快，冬天冷。　Qiūtiān liángkuai, dōngtiān lěng.

春夏秋冬　chūn xià qiū dōng

课 文 Kèwén

35

A 你 学 什么 外语?
　Nǐ xué shénme wàiyǔ?

B 我 学 汉语。 你 学 什么?
　Wǒ xué Hànyǔ. Nǐ xué shénme?

A 我 学 德语。
　Wǒ xué Déyǔ.

B 德语 难 不 难?
　Déyǔ nán bu nan?

A 德语 很 难。
　Déyǔ hěn nán.

B 什么 地方 难?
　Shénme dìfang nán?

A 发音 和 语法 都 很 难。
　Fāyīn hé yǔfǎ dōu hěn nán.

B 汉语 也 是。 外语 都 一样。
　Hànyǔ yě shì. Wàiyǔ dōu yíyàng.

Ⅰ 次の文をまず先生と一緒に何度も音読しましょう。慣れてきたら教科書を見ずにリ
ピートします。その後、シャドウイングやディクテーションをしましょう。

①这个好，那个不好。Zhèi ge hǎo, nèige bùhǎo.

②日本很小。Rìběn hěnxiǎo.

③他不高。Tā bùgāo.

④他去不去?　Tā qù buqu?

⑤你吃不吃?　Nǐ chī buchī?

Ⅱ 以下のようなとき、中国語でどういえばよいでしょうか?　この課で学んだ表現を応
用してみましょう。

①アメリカと日本の大きさを比較した結果を伝えるとき。

_____

②友達の身長について言うとき。

_____

Ⅲ 反復疑問文に書きかえ、漢字（簡体字）で書きなさい。

①东京冷吗?

_____

②英语难吗?

_____

③这是词典吗?

_____

④你去中国吗?

_____

⑤这个好吗?

_____

Ⅳ 否定文に書きかえ、漢字（簡体字）で書きなさい。

①东京很冷。

_____

②夏天很热。

_____

③英语很难。

_____

④汉语很容易。

_____

⑤日本很大。

_____

Ⅴ 次の日本語を中国語に訳し、漢字（簡体字）で書きなさい。適宜句読点を使うこと。

①中国語は難しい。

_____

②これはよくない。

_____

③大阪は暑いですか？　　暑いです。

_____

④中国語は難しいが、英語も難しい。

_____

⑤東京はあまり寒くない。

_____

＊＊＊＊＊＊＊＊＊＊＊＊＊＊＊＊＊＊＊＊

东京　Dōngjīng　東京　　大阪　Dàbǎn　大阪　　不太　bútài　あまり〜ない

第五課

今天几月几号

Jīntiān jǐ yuè jǐ hào

语法重点 Yǔfǎ zhòngdiǎn

1、日付・時刻

a：“年 nián”、“月 yuè”、“号 hào”、“星期 xīngqī” などの語を使って日付を表します。

①一九四九年 yī jiǔ sì jiǔ nián　　二〇一二年 èr líng yī èr nián

②九月二号 jiǔ yuè èr hào　　十二月三十一号 shí'èr yuè sānshiyī hào

③星期三 xīngqīsān　　星期天 xīngqītiān

b：“点 diǎn”、“分 fēn” などの語を使って時刻を表します。

④三点 sān diǎn　　四点二十分 sì diǎn èrshí fēn

⑤两点一刻 liǎng diǎn yí kè（＝两点十五分 liǎng diǎn shíwǔ fēn）

⑥一点半 yī diǎn bàn（＝一点三十分 yī diǎn sānshí fēn）

　　　　　　＊2時は“二点”ではなく“两点”。（2つの「2」⇒第六課）

　　　　　　＊“一点”の“一”は一声。（“一”の声調変化⇒P.10）

c：たずねるときは疑問詞 “几 jǐ” を使います。

⑦今天几月几号？　Jīntiān jǐ yuè jǐ hào?

⑧明天星期几？　Míngtiān xīngqī jǐ?

⑨现在几点？　Xiànzài jǐ diǎn?

d： 日付、時刻を表す文では断定を表す "是 shì" を省略することができます。ただし、否定文を作るときは省略できません。

⑩昨天（是）二十一号。Zuótiān (shì) èrshiyī hào.

⑪前天（是）星期天。Qiántiān (shì) xīngqītiān.

⑫后天不是四月十八号。Hòutiān bú shì sì yuè shíbā hào.

⑬现在不是六点。Xiànzài bú shì liù diǎn.

×后天不四月十八号。

＊2桁の数のまんなかに置かれる "十" は軽声で読みます。

e： 日付や時刻のように「いつ」を表す語は文中の主語の前か後ろに置きます。

⑭几号他去中国？ — 十三号他去。Jǐ hào tā qù Zhōngguó? Shísān hào tā qù.

⑮你什么时候来？ — 我星期六来。Nǐ shénme shíhou lái? Wǒ xīngqīliù lái.

２、呢 ne　：疑問文を簡略化する　38

名詞＋ "呢 ne" ？⇒「〜は？」

⑯我是学生，你呢？ Wǒ shì xuésheng, nǐ ne?

⑰他来，你呢？ Tā lái, nǐ ne?

⑱英语很难，汉语呢？ Yīngyǔ hěn nán, Hànyǔ ne?

生词表 Shēngcí biǎo

 39

年	nián	～年（日付）	祝	zhù	祝う
月	yuè	～月（日付）	快乐	kuàilè	楽しい
号	hào	～日（日付）	谢谢	xièxie	ありがとう
星期三	xīngqīsān	水曜日	那	nà	では
星期天	xīngqītiān	日曜日	家	jiā	家、家庭
点	diǎn	～時	吧	ba	～してください、～しま
分	fēn	～分（時刻）			しょう（命令を和らげる）
一刻	yíkè	15分（時刻）			～でしょう（断定を和らげる）
半	bàn	～半（時刻）			
今天	jīntiān	今日	早上	zǎoshang	朝
几	jǐ	いくつ	起床	qǐchuáng	起きる
明天	míngtiān	明日	早饭	zǎofàn	朝食
星期几	xīngqījǐ	何曜日？	出门	chūmén	出かける
现在	xiànzài	今	上午	shàngwǔ	午前
昨天	zuótiān	昨日	上课	shàngkè	授業に出る
前天	qiántiān	おととい	下午	xiàwǔ	午後
后天	hòutiān	あさって	放学	fàngxué	放課後になる
什么时候	shénme shíhou	いつ	晚上	wǎnshang	夜
星期六	xīngqīliù	土曜日	睡觉	shuìjiào	寝る
			早	zǎo	早い
生日	shēngrì	誕生日	睡	shuì	寝る
对	duì	正しい、その	起	qǐ	起きる
		とおりである	身体	shēntǐ	体

41

说说看看 Shuōshuo kànkan

早上六点起床。　Zǎoshang liù diǎn qǐchuáng.

七点吃早饭。　Qī diǎn chī zǎofàn.

八点出门。　Bā diǎn chūmén.

上午九点上课。　Shàngwǔ jiǔ diǎn shàngkè.

下午五点放学。　Xiàwǔ wǔ diǎn fàngxué.

晚上十一点睡觉。　Wǎnshang shíyī diǎn shuìjiào.

早睡早起身体好。　Zǎo shuì zǎo qǐ shēntǐ hǎo.

课文 Kèwén

A 你 的 生日 几 月 几 号?
Nǐ de shēngrì jǐ yuè jǐ hào?

B 我 的 生日 六 月 二十七 号。
Wǒ de shēngrì liù yuè èrshiqī hào.

A 今天 是 二十五 号，对 吗?
Jīntiān shì èrshiwǔ hào, duì ma?

B 对! 后天 是 我 的 生日。
Duì! Hòutiān shì wǒ de shēngrì.

A 祝 你 生日 快乐!
Zhù nǐ shēngrì kuàilè!

B 谢谢! 后天 你 去 学校 吗?
Xièxie! Hòutiān nǐ qù xuéxiào ma?

A 后天 是 星期天，我 不 去 学校。
Hòutiān shì xīngqītiān, wǒ bú qù xuéxiào.

B 那 你 来 我 家 吧。
Nà nǐ lái wǒ jiā ba.

Ⅰ 次の文をまず先生と一緒に何度も音読しましょう。慣れてきたら教科書を見ずにリピートします。その後、シャドウイングやディクテーションをしましょう。

①今天几月几号？ Jīntiān jǐyuè jǐhào?

②今天四月三号。Jīntiān sìyuè sānhào.

③明天星期几？ Míngtiān xīngqī jǐ?

④明天星期天。Míngtiān xīngqītiān.

⑤现在几点？现在两点。Xiànzài jǐdiǎn? Xiànzài liǎngdiǎn.

Ⅱ 以下のようなとき、中国語でどういえばよいでしょうか？ この課で学んだ表現を応用してみましょう。

①自分の来訪時間を伝えるとき。

_____

②食事の時間を確認するとき。

_____

Ⅲ 次の日本語を中国語に訳し、漢字（簡体字）で書きなさい。

①6月8日　　_____

②木曜日　　_____

③2時40分　_____

④12時半　　_____

⑤明日　　　_____

Ⅳ Ⅲの語を次の各文の適切な場所に置きなさい。

①他来日本。

_____

②我去北京。

_____

③他来教室。

_____

④我们吃饭。

_____

⑤他不来。

_____

Ⅴ 次の日本語を中国語に訳し、漢字（簡体字）で書きなさい。適宜句読点を使うこと。

①今5時25分です。

_____

②昨日は何月何日ですか？

_____

③彼はいつ東京へ行きますか？

_____

④今日は来ません、明日来ます。

_____

⑤私は餃子を食べます、あなたは？

_____

第六課

我有手机
Wǒ yǒu shǒujī

语法重点 Yǔfǎ zhòngdiǎn

1、有 yǒu ：所有を表す

a：動詞 "有 yǒu" を使って、なにかを所有していることを表します。

　①我有手机。Wǒ yǒu shǒujī.

　②他有姐姐。Tā yǒu jiějie.

b：否定は "有 yǒu" の前に "没 méi" を置いて表します。

　③我没有电脑。Wǒ méiyǒu diànnǎo.

　④他没有妹妹。Tā méiyǒu mèimei.

2、的 de の省略

所有を表す "的"（⇒第二課）は、以下のような場合は省略可能です。

人称代名詞＋（的 de）＋人間関係／所属。

　⑤他是我爸爸。Tā shì wǒ bàba.

　⑥这是我们学校。Zhè shì wǒmen xuéxiào.

　⑦她是铃木的妈妈。Tā shì Língmù de māma.

＊⑦は上の法則に該当しないので、"的" は省略できません。

3、个 ge、本 běn、张 zhāng　：量詞

44

名詞の前に数詞と量詞を置いて数量を表します。

⑧一个面包 yí ge miànbāo　　三本书 sān běn shū　　　四张纸 sì zhāng zhǐ

　五个人 wǔ ge rén　　几封信 jǐ fēng xìn

＊"个"は本来四声なので、前の"一"は二声。（"一"の声調変化を確認しましょう。⇒10 ページ）

⑨我爸爸有三本词典。Wǒ bàba yǒu sān běn cídiǎn.

⑩我妈妈写一封信。Wǒ māma xiě yì fēng xìn.

4、二 èr・两 liǎng　：2つの「2」

45

a：「2」を表す数詞には"二 èr"と"两 liǎng"があります。"二 èr"は順序（「2 個目」、「2冊目」など）を表すときに使います。

⑪第二个人 dì 'èr ge rén　　　第二本书 dì 'èr běn shū　　　第二课 dì 'èr kè

b：「2」が単語の末尾に置かれるときも"二 èr"を使います。

⑫十二张桌子 shí'èr zhāng zhuōzi　　　星期二 xīngqī'èr

c："两 liǎng"は数量（「2個」、「2冊」など）を表すときに使います。

⑬两个人 liǎng ge rén　　　两本书 liǎng běn shū　　　两课 liǎng kè

5、几 jǐ・多少 duōshao　：2つの「いくつ」

46

　数をたずねるときは"几"または"多少"を使います。"几"は 10 以下の数を想定した場合に使用し、必ず量詞を伴います。"多少"は量詞を伴わずに使うことができ、どんな数でもたずねることができます。

⑭你买几本书？ Nǐ mǎi jǐběn shū？＝你买多少书？ Nǐ mǎi duōshao shū？

　×你买几书？

⑮图书馆有多少书？ Túshūguǎn yǒu duōshao shū？

有	yǒu	持っている
姐姐	jiějie	お姉さん、姉
没有	méiyǒu	ない
妹妹	mèimei	妹
妈妈	māma	お母さん、母
～个	ge	～個、～人
面包	miànbāo	パン
～本	běn	～冊
～张	zhāng	～枚（平らなものを数える）
纸	zhǐ	紙
人	rén	人
～封	fēng	～通
信	xìn	手紙
两	liǎng	二つ
第	dì	第～
～课	kè	～課
桌子	zhuōzi	机、テーブル
图书馆	túshūguǎn	図書館
～口	kǒu	～人（家族の人数を数える）
哥哥	gēge	お兄さん、兄
职员	zhíyuán	職員
女朋友	nǚpéngyou	ガールフレンド
知道	zhīdào	知っている、知る

为什么	wèishénme	なぜ
问	wèn	きく、たずねる
～只	zhī	～匹（小動物を数える）
猫	māo	猫
～条	tiáo	～匹（犬を数える）、～本（ひも状のものを数える）
狗	gǒu	犬
～瓶	píng	～本（ビンを数える）
～块	kuài	～個（塊状のものを数える）
巧克力	qiǎokèlì	チョコレート
～双	shuāng	～膳、～足（ペアのものを数える）
筷子	kuàizi	箸
～间	jiān	～間（部屋を数える）
～把	bǎ	～脚、～本（取っ手のあるものを数える）
椅子	yǐzi	椅子
～件	jiàn	～着
衣服	yīfu	服
～支	zhī	～本（棒状のものを数える）
圆珠笔	yuánzhūbǐ	ボールペン

说说看看 Shuōshuo kànkan

一只小猫	yì zhī xiǎomāo	六间教室	liù jiān jiàoshì
两条大狗	liǎng tiáo dàgǒu	七把椅子	qī bǎ yǐzi
三瓶可乐	sān píng kělè	八张桌子	bā zhāng zhuōzi
四块巧克力	sì kuài qiǎokèlì	九件衣服	jiǔ jiàn yīfu
五双筷子	wǔ shuāng kuàizi	十支圆珠笔	shí zhī yuánzhūbǐ

课 文 Kèwén

 48

A 你 家 有 几 口 人？
Nǐ jiā yǒu jǐ kǒu rén?

B 我 家 有 四 口 人。
Wǒ jiā yǒu sì kǒu rén.

A 你 家 都 有 什么 人？
Nǐ jiā dōu yǒu shénme rén?

B 有 爸爸、 妈妈、 一 个 哥哥 和 我。
Yǒu bàba、 māma、 yí ge gēge hé wǒ.

A 你 哥哥 也 是 大学生 吗？
Nǐ gēge yě shì dàxuéshēng ma?

B 他 不 是 大学生， 他 是 公司 职员。
Tā bú shì dàxuéshēng, tā shì gōngsī zhíyuán.

A 你 哥哥 有 女朋友 吗？
Nǐ gēge yǒu nǚpéngyou ma?

B 我 不 知道。 你 为什么 问 这个？
Wǒ bù zhīdào. Nǐ wèishénme wèn zhèige?

Ⅰ 次の文をまず先生と一緒に何度も音読しましょう。慣れてきたら教科書を見ずにリ
ピートします。その後、シャドウイングやディクテーションをしましょう。

①他有电脑。Tā yǒu diànnǎo.

②我没有手机。Wǒ méiyǒu shǒujī.

③你有妹妹吗？ Nǐ yǒu mèimei ma?

④你有没有姐姐？ Nǐ yǒu meiyou jiějie?

⑤我有三本词典。Wǒ yǒu sānběn cídiǎn.

Ⅱ 以下のようなとき、中国語でどういえばよいでしょうか？ この課で学んだ表現を応
用してみましょう。

①相手が所有する携帯電話の数を知りたいとき。

_____

②相手が必要な紙の枚数を知りたいとき。

_____

Ⅲ "一"の声調に気を付けてピンインで書きなさい。

①一只猫　　_____

②一条狗　　_____

③一把雨伞　_____

④一件衣服　_____

⑤一个书包　_____

Ⅳ 各文の空欄に適切な語を入れ、漢字（簡体字）で書きなさい。

①我有三（　　　　　）词典。

②我早上吃一（　　　　　）面包。

③我要四（　　　　　）纸。

④我有两（　　　　　）哥哥。

⑤我写五（　　　　　）信。

Ⅴ 次の日本語を中国語に訳し、漢字（簡体字）で書きなさい。適宜句読点を使うこと。

①私には２人の妹がいる。

_____

②私の父は先生です。

_____

③私は辞書を持っていない。

_____

④あなたはいくつパンを食べますか？　　２つ食べます。

_____

⑤私たちは今日第何課を学びますか？　　第７課を学びます。

_____

＊＊＊＊＊＊＊＊＊＊＊＊＊＊＊＊＊＊＊＊＊

雨伞　yǔsǎn　かさ

第七課

这儿是公园

Zhèr shì gōngyuán

语法重点 Yǔfǎ zhòngdiǎn

1、这儿 zhèr、那儿 nàr、哪儿 nǎr ：指示代名詞③

ここ	そこ／あそこ	どこ
这儿 zhèr、这里 zhèli	那儿 nàr、那里 nàli	哪儿 nǎr、哪里 nǎli

①这儿是公园。Zhèr shì gōngyuán.

②那儿是食堂。Nàr shì shítáng.

2、外边儿 wàibianr、里边儿 lǐbianr ：方位詞

a：方向や位置を表す語を方位詞と言います。方位詞には以下のものがあります。

上 shàng　下 xià　前 qián　后 hòu（後ろ）　里 lǐ（中、内）　外 wài　左 zuǒ　右 yòu
东 dōng（東）　南 nán　西 xī　北 běi　旁 páng（となり、横）

b：方位詞はうしろに"边儿 bianr"を添えて使います。

③外边儿冷，里边儿暖和。Wàibianr lěng, lǐbianr nuǎnhuo.（× 外冷，里暖和。）

④旁边儿是书店。Pángbiānr shì shūdiàn.

＊"旁边儿"の"边儿"は一声、それ以外は軽声で読みます。

c："边儿"をつけた方位詞を名詞の後ろに置くことができます。

⑤车站旁边儿是银行。Chēzhàn pángbiānr shì yínháng.

d："上"、"里"は単独で名詞のうしろに置くことができます。軽声で読みます。

⑥商店里 shāngdiàn li　　　　桌子上 zhuōzi shang

3、有 yǒu、在 zài　　：存在を表す

a："有 yǒu" は所有を表す（⇒第六課）ほかに、存在も表します。"有" を使って存在を表すときは、場所を表す言葉が主語になります。否定は "有" の前に "没 méi" を置きます。

> 場所＋"有 yǒu" ＋物／人→「～に―がある／いる」

⑦书包里有书。Shūbāo li yǒu shū.

⑧桌子上有报纸。Zhuōzi shang yǒu bàozhǐ.

⑨这儿没有厕所。Zhèr méiyǒu cèsuǒ.

⑩里边儿有什么？ Lǐbianr yǒu shénme?

b："在 zài" も存在を表します。"在" を使って存在を表すときは、物または人を表す言葉が主語になります。否定は "在" の前に "不" を置きます。

> 物／人＋"在 zài" ＋場所→「―が～にある／いる」

⑪书在书包里。Shū zài shūbāo li.

⑫老师在后边儿。Lǎoshī zài hòubianr.

⑬我的书不在桌子上。Wǒ de shū bú zài zhuōzi shang.

⑭医院在哪儿？ Yīyuàn zài nǎr?

c："有" の後ろには不特定な物（人）、"在" の前には特定な物（人）を置かなければなりません。

⑮我的书在书包里。Wǒ de shū zài shūbāo li.（× 书包里有我的书。）

⑯那儿有一个学生。Nàr yǒu yí ge xuésheng.（× 一个学生在那儿。）

⑰小林在这儿。Xiǎolín zài zhèr.（× 这儿有小林。）

⑱书包里有一本书。Shūbāo li yǒu yìběn shū.（× 一本书在书包里。）

公园	gōngyuán	公園
食堂	shítáng	食堂
～边儿	bianr	～側
外边儿	wàibianr	外（側）
里边儿	lǐbianr	中（側）、内（側）
书店	shūdiàn	本屋
车站	chēzhàn	駅、バス停
旁边儿	pángbianr	となり、横
报纸	bàozhǐ	新聞
有	yǒu	ある、いる
厕所	cèsuǒ	トイレ
在	zài	ある、いる
后边儿	hòubianr	後ろ（側）
医院	yīyuàn	病院

校园	xiàoyuán	キャンパス
非常	fēicháng	たいへん、非常に

漂亮	piàoliang	美しい、きれいだ
里面	lǐmiàn	中
但是	dànshì	しかし
小卖部	xiǎomàibù	売店、キヨスク
东西	dōngxi	もの
多	duō	多い
～极了	jíle	ものすごく、たいへん

书架	shūjià	本棚
钱包	qiánbāo	財布
抽屉	chōuti	引き出し
窗户	chuānghu	窓
门	mén	ドア、扉
餐厅	cāntīng	レストラン
电影院	diànyǐngyuàn	映画館

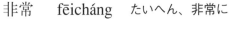

说说看看 Shuōshuo kànkan

报纸在桌子上。 Bàozhǐ zài zhuōzi shang.

词典在书架上。 Cídiǎn zài shūjià shang.

本子在书包里。 Běnzi zài shūbāo li.

钱包在抽屉里。 Qiánbāo zài chōuti li.

窗户在左边儿。 Chuānghu zài zuǒbianr.

门在右边儿。 Mén zài yòubianr.

东边儿有餐厅。 Dōngbianr yǒu cāntīng.

西边儿有电影院。 Xībianr yǒu diànyǐngyuàn.

课 文 Kèwén

A 你们　大学　在　哪儿？
　 Nǐmen　dàxué　zài　nǎr?

54

B 在　　东京　的　西边儿。
　 Zài　Dōngjīng　de　xībianr.

A 大学　　校园　大　不大？
　 Dàxué　xiàoyuán　dà　buda?

B 非常　　大，也　很　漂亮。
　 Fēicháng　dà，yě　hěn　piàoliang.

A 大学　里面　有　超市　吗？
　 Dàxué　lǐmiàn　yǒu　chāoshì　ma?

B 没有　超市，　但是　有　小卖部。
　 Méiyǒu　chāoshì，dànshì　yǒu　xiǎomàibù.

A 小卖部　里　东西　多　吗？
　 Xiǎomàibù　li　dōngxi　duō　ma?

B 多　极了，什么　都　有。
　 Duō　jíle，shénme　dōu　yǒu.

Ⅰ 次の文をまず先生と一緒に何度も音読しましょう。慣れてきたら教科書を見ずにリピートします。その後、シャドウイングやディクテーションをしましょう。

①书包里有书。Shūbāoli yǒu shū.

②书在书包里。Shū zài shūbāoli.

③老师在哪儿？ Lǎoshī zài nǎr?

④那儿有什么？ Nàr yǒu shénme?

Ⅱ 以下のようなとき、中国語でどういえばよいでしょうか？　この課で学んだ表現を応用してみましょう。

①病院の場所を聞くとき。

_____

②（試着室が）空いているかどうかたずねるとき。

_____

③（人混みの中で自分を探している友達に）自分の居場所を伝えるとき。

_____

Ⅲ 各文の空欄に適切な語を入れなさい。

①那儿（　　　　）厕所。

②体育馆（　　　　）图书馆旁边儿。

③车站后边儿（　　　　）一家商店。

④校园里（　　　　）两个食堂

⑤我姐姐（　　　　）北京。

Ⅳ 与えられた日本語の意味になるように、それぞれについて示してある語句を並び替え
なさい。

①【你的　里边儿　书包　课本　在】。：あなたの教科書はかばんの中にあります。

_____

②【吗　这儿　商店　有】？：ここにお店はありますか？

_____

③【一个　教室　老师　有　里】。：教室の中に一人の先生がいます。

_____

④【有　什么　的　里　书包　你】？：あなたのかばんの中には何がありますか？

_____

⑤【人　外边儿　没有】。：外に人がいません。

_____

Ⅴ 次の日本語を中国語に訳し、漢字（簡体字）で書きなさい。適宜句読点を使うこと。

①トイレはそこにありません。

_____

②張先生は教室にいます。

_____

③あなたの教科書はどこにありますか？

_____

④学校の裏にはなにがありますか？

_____

⑤私のパソコンは机の上にあります。

_____

＊＊＊＊＊＊＊＊＊＊＊＊＊＊＊＊＊＊＊＊＊

体育馆　tǐyùguǎn　体育館　　～家　jiā　～軒（商店などを数える）

第八課

我学两年

Wǒ xué liǎng nián

語法重点 Yǔfǎ zhòngdiǎn

1、動作の時間量・回数

a：「2年間学ぶ」などと言うとき、動作の時間量を表す語を動詞のうしろに置きます。

　①我学两年。Wǒ xué liǎng nián.

　②她听一个小时。Tā tīng yí ge xiǎoshí.

b：「1度行く」などと言うとき、動作の回数を表す語を動詞のうしろに置きます。

　③他去一次。Tā qù yí cì.

　④我看三遍。Wǒ kàn sān biàn.

c：「2年間日本語を学ぶ」、「1度上海へ行く」のように目的語を伴う場合、目的語は動作の時間量や回数を表す語のうしろに置きます。

　⑤我学两个月日语。Wǒ xué liǎng ge yuè Rìyǔ.

　⑥他去一次上海。Tā qù yí cì Shànghǎi.

d：動作のなされる時点（「いつ」）を表す語は動詞の前に、動作の時間量（「どのくらい」）を表す語は動詞のはうしろに置きます。

　⑦他<u>十一点</u>睡。Tā <u>shíyī diǎn</u> shuì.

　　　　　　　　　　　　　　＊ "十一点他睡。" でも可。⇒第五課

　⑧他睡<u>七个小时</u>。Tā shuì <u>qī ge xiǎoshí</u>.

2、在 zài、从 cóng、到 dào、跟 gēn ：よく使われる前置詞

57

a：前置詞は場所、物、人などを伴って動詞の前に置きます。

> 前置詞＋場所、物、人など＋動詞（形容詞）

⑨我在北京上大学。Wǒ zài Běijīng shàng dàxué.

⑩她从上海来。Tā cóng Shànghǎi lái.

⑪他到日本去。Tā dào Rìběn qù.

⑫我跟朋友一起上课。Wǒ gēn péngyou yìqǐ shàngkè.

b：否定文を作るときは原則として"不"を前置詞の前に置きます。

⑬我不在北京上大学。Wǒ bú zài Běijīng shàng dàxué.

生词表 Shēngcí biǎo 58

～年	nián	～年間
～小时	xiǎoshí	～時間
～次	cì	～回
～遍	biàn	～回、～遍
～个月	geyuè	～か月
在	zài	～で
上	shàng	（学校へ）通う
从	cóng	～から
到	dào	～まで
跟	gēn	～と、～に
一起	yìqǐ	いっしょに

学习	xuéxí	学ぶ
专业	zhuānyè	専門（の）
经济	jīngjì	経済
～节	jié	～時限（授業のコマを数える）
课	kè	授業

一共	yígòng	全部で、合計
周末	zhōumò	週末
休息	xiūxi	休む

打	dǎ	球技をする
～天	tiān	～日間
网球	wǎngqiú	テニス
～场	chǎng	～回（映画、試合などを数える）
电影	diànyǐng	映画
读	dú	読む
发	fā	発信する
短信	duǎnxìn	ショートメール
欧洲	Ōuzhōu	ヨーロッパ
走	zǒu	立ち去る、出発する
一块儿	yíkuàir	いっしょに
住	zhù	住む、泊まる

说说看看 Shuōshuo kànkan

打一天网球　dǎ yìtiān wǎngqiú

看两场电影　kàn liǎng chǎng diànyǐng

读三本小说　dú sān běn xiǎoshuō

发四个短信　fā sì ge duǎnxìn

从美国来　cóng Měiguó lái

到欧洲去　dào Ōuzhōu qù

和他一起走　hé tā yìqǐ zǒu

跟我一块儿住　gēn wǒ yíkuàir zhù

课 文 Kèwén

59

A 你　在　哪个　大学　学习？
　Nǐ　zài　něige　dàxué　xuéxí?

B 我　在　　樱花大学　　学习。
　Wǒ　zài　Yīnghuā Dàxué　xuéxí.

A 你　的　　专业　　是　什么？
　Nǐ　de　zhuānyè　shì　shénme?

B 我　的　　专业　　是　经济。
　Wǒ　de　zhuānyè　shì　jīngjì.

A 你　一　个　星期　有　几　节　专业　课？
　Nǐ　yí　ge　xīngqī　yǒu　jǐ　jié　zhuānyè　kè?

B 从　　星期一　到　星期五，　一共　有　六　节。
　Cóng　xīngqīyī　dào　xīngqīwǔ,　yígòng　yǒu　liù　jié.

A 周末　　没有　课　吗？
　Zhōumò　méiyǒu　kè　ma?

B 没有。　　周末　我　在　家　休息。
　Méiyǒu.　Zhōumò　wǒ　zài　jiā　xiūxi.

练 习 Liànxi

I 次の文をまず先生と一緒に何度も音読しましょう。慣れてきたら教科書を見ずにリピートします。その後、シャドウイングやディクテーションをしましょう。

①我学两年。Wǒ xué liǎngnián.

②我学两年汉语。Wǒ xué liǎngnián Hànyǔ.

③他去一次。Tā qù yícì.

④他去一次中国。Tā qù yícì Zhōngguó.

II 以下のようなとき、中国語でどういえばよいでしょうか？ この課で学んだ表現を応用してみましょう。

①相手の毎日の学習時間をたずねるとき。

_____

②食事をする場所を相談したいとき。

_____

III 【 】内の語を次の各文の適切な場所に置きなさい。

①我看电视。【一个小时】

_____

②我学三年。【英语】

_____

③他去中国。【两次】

_____

④我起床。【六点半】

_____

⑤我们上课。【九点二十分】

_____

Ⅳ 各文の空欄に適切な語を入れなさい。

①我们（　　　）大学学汉语。

②我们（　　　）上海回国。

③明天他们（　　　）北京去。

④你（　　　）谁一起来?

⑤（　　　）东京（　　　）上海要几个小时?

Ⅴ 次の日本語を中国語に訳し、漢字（簡体字）で書きなさい。適宜句読点を使うこと。

①私たちは2年中国語を学びます。

_____

②先生は本文を3回音読します。

_____

③私たちは90分間音楽を聴きます。

_____

④明日彼は7時に学校へ行きます。

_____

⑤あなたは何時間寝ますか?　　　7時間寝ます。

_____

＊＊＊＊＊＊＊＊＊＊＊＊＊＊＊＊＊＊＊

回国　huíguó　帰国する　　要　yào　（時間や費用が）かかる　　念　niàn　音読する、学ぶ
课文　kèwén　（教科書の）本文　　分钟　fēnzhōng　～分間

我买了一个苹果

Wǒ mǎi le yí ge píngguǒ

語法重点 Yǔfǎ zhòngdiǎn

1、了 le ① ：動作の完了を表す

 61

a：動詞のうしろに助詞 "了 le" を置くと、動作が完了したことを表します。

> 動詞＋ "了 le" → 「〜した（すでに〜している）」

①我买了一个苹果。Wǒ mǎi le yí ge píngguǒ.

②他吃了一碗米饭。Tā chī le yì wǎn mǐfàn.

③我们学了三年。Wǒmen xué le sān nián.

④他来了五次东京。Tā lái le wǔ cì Dōngjīng.

b：否定は動詞の前に "没（有）méi(you)" を置き、"了" を取ります。

> "没（有）méi(you)" ＋動詞→「（まだ）〜していない」、「〜しなかった」

⑤我没买苹果。Wǒ méi mǎi píngguǒ.

⑥他没来东京。Tā méi lái Dōngjīng.

2、不・没（有） ：2つの否定副詞

 62

> "不 bù" ＋動詞→〜しない
> "没（有）méi(you)" ＋動詞
> 　　　→〜しなかった／（まだ）〜していない

⑦我没（有）做作业。Wǒ méi(you) zuò zuòyè.

⑧他不做作业。Tā bú zuò zuòyè.

3、过 guo ：動作の経験を表す

> 動詞＋"过 guo" →～したことがある

a：動詞のうしろに"过 guo"をつけると、動作を経験したことを表します。

⑨我学过德语。Wǒ xuéguo Déyǔ.
⑩我吃过法国菜。Wǒ chīguo Fǎguó cài.

b：否定文を作るときは動詞の前に"没（有）méi(you)"を置き、"过"は残します。

> "没（有）"＋動詞＋"过" →～したことがない

⑪我没去过韩国。Wǒ méi qùguo Hánguó.
⑫我没学过俄语。Wǒ méi xuéguo Éyǔ.

64

了	le	～した、（すでに）～している	逛	guàng	ぶらぶら歩く
苹果	píngguǒ	りんご	一上午	yíshàngwǔ	午前中いっぱい
～碗	wǎn	～杯（茶碗に盛ったものを数える）	裤子	kùzi	ズボン
			衬衫	chènshān	（前開きの）シャツ
米饭	mǐfàn	ごはん、ライス	毛衣	máoyī	セーター
没（有）	méi(you)	～しなかった、（まだ）～していない	喔	wō	おお！（驚きを表す）
做	zuò	する	不少	bùshǎo	多くの、多い
作业	zuòyè	宿題			
过	guo	～したことがある	啤酒	píjiǔ	ビール
法国	Fǎguó	フランス	～杯	bēi	～杯（コップ、グラスに入れた飲物を数える）
韩国	Hánguó	韓国			
俄语	Éyǔ	ロシア語			
			果汁	guǒzhī	ジュース
天气	tiānqì	天気、気候	京都	Jīngdū	京都
不错	búcuò	よい、悪くない	北京烤鸭	Běijīngkǎoyā	北京ダック
啊	a	～ですよ！（感嘆の気持ちを表す）	涮羊肉	shuànyángròu	羊肉のしゃぶしゃぶ

说说看看 Shuōshuo kànkan

我没吃米饭，吃了一个面包。　　Wǒ méi chī mǐfàn, chī le yí ge miànbāo.

他没喝啤酒，喝了一杯果汁。　　Tā méi hē píjiǔ, hēle yì bēi guǒzhī.

我没去过京都，去过大阪。　　Wǒ méi qùguo Jīngdū, qùguo Dàbǎn.

他没吃过北京烤鸭，吃过涮羊肉。　　Tā méi chīguo Běijīngkǎoyā, chīguo shuànyángròu.

课 文 Kèwén

A 昨天 的 天气 真 不错！
　Zuótiān de tiānqì zhēn búcuò!

 65

B 是 啊， 我 打了 一天 网球。 你 呢?
　Shì a, wǒ dǎle yìtiān wǎngqiú. Nǐ ne?

A 昨天 我 逛了 一上午 商店。
　Zuótiān wǒ guàngle yíshàngwǔ shāngdiàn.

B 买了 什么 东西?
　Mǎile shénme dōngxi?

A 我 买了 一条 裤子。
　Wǒ mǎile yìtiáo kùzi.

B 你 没 买 衬衫 吗?
　Nǐ méi mǎi chènshān ma?

A 没 买 衬衫， 买了 两 件 毛衣。
　Méi mǎi chènshān, mǎile liǎng jiàn máoyī.

B 喔， 你 买了 不少 东西 啊！
　Wō, nǐ mǎile bùshǎo dōngxi a!

I 次の文をまず先生と一緒に何度も音読しましょう。慣れてきたら教科書を見ずにリピートします。その後、シャドウイングやディクテーションをしましょう。

①我吃了一碗米饭。Wǒ chīle yìwǎn mǐfàn.

②他来了五次东京。Tā láile wǔcì Dōngjīng.

③我学过汉语。Wǒ xuéguo Hànyǔ.

④我没学过德语。Wǒ méi xuéguo Déyǔ.

II 以下のようなとき、中国語でどういえばよいでしょうか？　この課で学んだ表現を応用してみましょう。

①相手が買ったリンゴの数を知りたいとき。

_____

②宿題をやり始めていないとき。

_____

③宿題をする気のないとき。

_____

④相手の中国への渡航歴の有無を知りたいとき。

_____

III 各文の空欄に適切な語を入れなさい。

①我昨天（　　　　　）吃早饭。

②他每天（　　　　　）吃午饭。

③他没来（　　　　　）日本。

④我们学（　　　　　）四年汉语。

⑤你买（　　　　　）几个面包?

Ⅳ 与えられた日本語の意味になるように、それぞれについて示してある語句を並び替え
なさい。

①今天【学校　去　我　没】。：今日私は学校へ行っていない。

_____

②【看　我　熊猫　过】。：私はパンダを見たことがある。

_____

③今天早上【了　两杯　喝　我　茶】。：私は今朝2杯お茶を飲んだ。

_____

④去年【五次　北京　了　他　去】。：去年彼は5回北京へ行った。

_____

⑤【过　棒球　我　打　没】。：私は野球をしたことがない。

_____

Ⅴ 次の日本語を中国語に訳し、漢字（簡体字）で書きなさい。適宜句読点を使うこと。

①私はフランス語を学んだことがある。

_____

②昨日私は2冊の辞書を買った。

_____

③去年彼は日本に来なかった。

_____

④来年私は北京へ行かない。

_____

⑤彼らはドイツへ行ったことがない。

_____

＊＊＊＊＊＊＊＊＊＊＊＊＊＊＊＊＊＊＊＊＊

午饭　wǔfàn　昼食　　熊猫　xióngmāo　パンダ　　茶　chá　茶　　棒球　bàngqiú　野球
法语　Fǎyǔ　フランス語　　去年　qùnián　去年　　明年　míngnián　来年　　德国　Déguó　ドイツ

他二十岁了

Tā èrshí suì le

語法重点 Yǔfǎ zhòngdiǎn

1、了 le ②　：変化、実現を表す

67

a："了 le" を文末に置くと、状況が変化したことや実現したことを表します。

状況を表す文＋"了"→「～になった」

①他的病好了。Tā de bìng hǎo le.

②他二十岁了。Tā èrshí suì le.

b：この"了"を動作を表す動詞を使った文の文末に置くと、その動作が実現したことを表すので、結果的に「～しました」と訳せることが多くなります。

動作を表す文＋"了"→「～した」

③早上我喝咖啡了。Zǎoshang wǒ hē kāfēi le.

④暑假我们去香港了。Shǔjià wǒmen qù Xiānggǎng le.

c：ただし、この文末の"了"は、あくまでも変化・実現を示すので、常に「～しました」と訳せるとは限りません。

⑤同学们，上课了！Tóngxuémen, shàng kè le!　（みなさん、授業を始めますよ！）

⑥吃饭了！Chī fàn le!　（ご飯だよ！）

d："不"とともに使うと、「～しないことにした」「～ではなくなった」という意味を表します。

⑦他有事，不来了。Tā yǒu shì, bù lái le.

⑧我毕业了，不是学生了。Wǒ bìyè le, bú shì xuésheng le.

2、了 le を置く位置

68

　動詞のうしろに置いて動作の完了を表す"了"（⇒第九課）と、文末に置いて事態の変化・実現を表す"了"は、文法的に異なる性質のものです。しかし左ページの解説 b のように、動作を表す文の文末に置くと、結果的には「〜しました」と訳され、動詞のうしろに"了"を使ったときとほぼ同じ事実を伝えていることになります。そこで、この2つの助詞が異なるものである、ということを確認したうえで、実際にどう使うか（どこに置くか）をまとめてみましょう。

a： 動詞のうしろに目的語がなければ文末に置きます。

　⑨我买了。Wǒ mǎi le.

b： 目的語が「はだか」なら文末に置きます。（動詞のうしろと文末の両方に置くこともできます。）

　⑩我买（了）书了。Wǒ mǎi (le) shū le.

　⑪她学（了）日语了。Tā xué (le) Rìyǔ le.

c： 動詞のうしろに数量があるときは動詞のうしろに置きます。

　⑫我买了三本书。Wǒ mǎi le sān běn shū.

　⑬她学了一年日语。Tā xué le yì nián Rìyǔ.

d： うしろに文が続くときは動詞のうしろに置きます。文末に"了"を置くと、文が終結するニュアンスを与えます。

　⑭我喝了茶，就去了。Wǒ hē le chá, jiù qù le.

69

病	bìng	病気	药	yào	薬
了	le	〜になる、なった	打针	dǎzhēn	注射をする
〜岁	suì	〜歳	感觉	gǎnjué	感覚
咖啡	kāfēi	コーヒー	怎么样	zěnmeyàng	どのようであるか
暑假	shǔjià	夏休み	〜多了	duōle	ずっと
香港	Xiānggǎng	ホンコン	只是	zhǐshì	ただ〜だけ
同学	tóngxué	同級生、級友	觉得	juéde	感じる
事	shì	用事	浑身	húnshēn	全身
毕业	bìyè	卒業する	没劲儿	méijìnr	だるい、元気がない
日语	Rìyǔ	日本語	最近	zuìjìn	最近
就	jiù	すぐに	一直	yìzhí	ずっと

怎么	zěnme	なぜ	刷	shuā	磨く
头疼	tóuténg	頭が痛い、頭痛	牙	yá	歯
咳嗽	késou	咳が出る	洗	xǐ	洗う、入浴する
还	hái	まだ、さらに	脸	liǎn	顔
有点儿	yǒudiǎnr	少し（好ましくない場合）	新闻	xīnwén	ニュース
			报	bào	新聞
发烧	fāshāo	熱が出る、発熱	换	huàn	取り換える
给	gěi	〜（のため）に	穿	chuān	着る、履く
开	kāi	（薬を）処方する	鞋	xié	靴
感冒	gǎnmào	風邪（をひく）			

说说看看 Shuōshuo kànkan

起床	qǐchuáng	看新闻	kàn xīnwén
刷牙	shuā yá	读报	dú bào
洗脸	xǐ liǎn	换衣服	huàn yīfu
吃饭	chī fàn	穿鞋	chuān xié
喝咖啡	hē kāfēi	出门	chūmén

课 文 Kèwén

70

A 你 昨天 怎么 没 来 上课?
　Nǐ zuótiān zěnme méi lái shàngkè?

B 我 病 了。 头疼、 咳嗽, 还 有点儿 发烧。
　Wǒ bìng le. Tóuténg、 késou, hái yǒudiǎnr fāshāo.

A 去 医院 了 吗?
　Qù yīyuàn le ma?

B 去了。 医生 给 我 开了 感冒 药, 还 打了 一针。
　Qùle. Yīshēng gěi wǒ kāile gǎnmào yào, hái dǎle yìzhēn.

A 现在 感觉 怎么样?
　Xiànzài gǎnjué zěnmeyàng?

B 好 多 了。 只是 觉得 浑身 没劲儿。
　Hǎo duō le. Zhǐshì juéde húnshēn méijìnr.

A 你 是 不是 今天 没 吃 早饭?
　Nǐ shì bushi jīntiān méi chī zǎofàn?

B 我 最近 一直 没 吃过 早饭!
　Wǒ zuìjìn yìzhí méi chīguo zǎofàn!

Ⅰ 次の文をまず先生と一緒に何度も音読しましょう。慣れてきたら教科書を見ずにリピートします。その後、シャドウイングやディクテーションをしましょう。

①她的病好了。Tāde bìng hǎo le.

②他不来了。Tā bùlái le.

③我买书了。Wǒ mǎi shū le.

④我买了两本书。Wǒ mǎile liǎngběn shū.

Ⅱ 以下のようなとき、中国語でどういえばよいでしょうか？ この課で学んだ表現を応用してみましょう。

①（病気から）回復したことを伝えるとき。

_____

②中国へ行くことを取りやめたとき。

_____

③相手の日本語学習歴を尋ねるとき。

_____

Ⅲ 次の各文の適切な場所に助詞「了」を1つ入れて文を完成させ、句読点を付けた上で、全文を日本語に訳しなさい。

①昨天我看电影　　　_____

②上星期我在图书馆借一本书　　_____

③前天他玩儿三个小时游戏　　_____

④去年他来三次日本　　_____

⑤汉语很难，我不学　　_____

Ⅳ 与えられた日本語の意味になるように語句を並び替えなさい。

①我明天【上课　不　了】。：私は明日授業に出ないことにした。

_____

70

②昨天我【图书馆　了　书　在　借】。昨日私は図書館で本を借りた。

_____

③你【了　孩子　已经　不是】。あなたはもう子供ではないのよ。

_____

④上个月我【了　小说　看　两本】。先月私は小説を二冊読んだ。

_____

⑤【好　的　汉语　了　他】。彼の中国語は上手になった。

_____

Ⅴ 次の日本語を中国語に訳しなさい。適宜句読点を使うこと。

①去年私たちは上海へ行った。

_____

②おととし彼らは一度日本に来た。

_____

③私たちは北京で三日遊んだ。

_____

④このごろ彼女は太った。

_____

⑤私はお金がなくなった。

_____

＊＊＊＊＊＊＊＊＊＊＊＊＊＊＊＊＊＊＊＊＊

上星期　shàngxīngqī　先週　　借　jiè　貸す、借りる　　玩儿　wánr　遊ぶ　　游戏　yóuxì　ゲーム
孩子　háizi　子供　　已经　yǐjing　すでに　　上个月　shàngge yuè　先月　　前年　qiánnián　おととし
胖　pàng　太っている　　钱　qián　おかね

我想看熊猫
Wǒ xiǎng kàn xióngmāo

語法重点 Yǔfǎ zhòngdiǎn

1、想 xiǎng、要 yào ：願望を表す

72

a：動詞の前に助動詞 "想 xiǎng" や "要 yào" を置くと、願望を表します。

"想 xiǎng／要 yào" ＋動詞→「〜したい」

① 我想看熊猫。Wǒ xiǎng kàn xióngmāo.

② 我要去长城。Wǒ yào qù Chángchéng.

　動詞の前に置き動詞を補助する成分を「助動詞」といいます。願望のほかに、義務（「〜ねばならない」）、当然（「〜すべきである」）、可能（「〜できる」⇒第十二課）などの意味を表すものがあります。

b：否定文を作るときは原則として助動詞の前に "不" を置きますが、「〜したくない」というときは "不想〜" といいます。"不要〜" は禁止（「〜してはならない」）を表します。

③ 我不想做作业。Wǒ bù xiǎng zuò zuòyè.

④ 他不想学英语。Tā bù xiǎng xué Yīngyǔ.

⑤ 你不要喝酒。Nǐ bú yào hē jiǔ.

c：動詞の前に "前置詞＋名詞" がある場合、基本的に助動詞はさらに前に置きます。

⑥ 我想跟他一起去。Wǒ xiǎng gēn tā yìqǐ qù.

⑦ 你不要在这儿吃饭。Nǐ bú yào zài zhèr chīfàn.

2、得 děi、要 yào ：義務を表す

73

a： 動詞の前に助動詞 "得 děi" や "要 yào" を置くと、義務を表します。

> "得 děi ／要 yào" ＋動詞→「〜ねばならない」

⑧你得复习。Nǐ děi fùxí.

⑨我要预习。Wǒ yào yùxí.

b： "不要〜" は禁止（「〜してはならない」）を表すので、「〜しなくてよい」、「〜する必要はない」というときは "不用 búyòng〜" といいます。

⑩星期六休息，我不用上班。Xīngqīliù xiūxi, wǒ búyòng shàngbān.

⑪没做作业，你不要出去。Méi zuò zuòyè, nǐ búyào chūqu.

※ "不得 bùděi" とは言いません。

3、应该 yīnggāi ：当然を表す

74

動詞の前に助動詞 "应该 yīnggāi" を置くと、当然を表します。

> "应该 yīnggāi" ＋動詞→「〜すべきだ」

⑫你应该每天上课。Nǐ yīnggāi měitiān shàngkè.

⑬你不应该这么说。Nǐ bù yīnggāi zhème shuō.

75

想	xiǎng	～したい		时间	shíjiān	時間
要	yào	～したい		急事	jíshì	急用
长城	Chángchéng	万里の長城		早点儿	zǎodiǎnr	早めに
不要	búyào	～してはならない		太～了	tài~le	ものすごく～だ、～すぎる
酒	jiǔ	酒				
得	děi	～ねばならない		功课	gōngkè	授業内容
复习	fùxí	復習（する）		一般	yìbān	普通（である）
要	yào	～ねばならない		干	gàn	する
预习	yùxí	予習（する）		呢	ne	（疑問の気持ちを強調する）
不用	búyòng	～しなくてよい				
上班	shàngbān	出勤する		电视剧	diànshìjù	テレビドラマ
出去	chūqu	外出する		什么的	shénme de	～など
应该	yīnggāi	～すべきである				
这么	zhème	このように		出差	chūchāi	出張（する）
说	shuō	言う				

77

说说看看 *Shuōshuo kànkan*

我想看书，不想睡觉。　Wǒ xiǎng kàn shū, bù xiǎng shuìjiào.

他要喝酒，不想喝果汁。　Tā yào hē jiǔ, bù xiǎng hē guǒzhī.

明天我要上课，他不用上课。　Míngtiān wǒ yào shàngkè, tā búyòng shàngkè.

后天你得出差，我不用出差。　Hòutiān nǐ děi chūchāi, wǒ búyòng chūchāi.

课 文 Kèwén

A 时间 不 早 了，我 得 走 了。
Shíjiān bù zǎo le, wǒ děi zǒu le.

B 有 急事 吗?
Yǒu jíshì ma?

A 我 想 早点儿 回家。 今天 作业 太 多 了。
Wǒ xiǎng zǎodiǎnr huíjiā. Jīntiān zuòyè tài duō le.

B 你 每天 晚上 都 要 做 功课 吗?
Nǐ měitiān wǎnshang dōu yào zuò gōngkè ma?

A 对，我 每天 晚上 都 要 做 三 个 小时 功课。
Duì, wǒ měitiān wǎnshang dōu yào zuò sān ge xiǎoshí gōngkè.

B 我 晚上 一般 不 太 学习。
Wǒ wǎnshang yìbān bú tài xuéxí.

A 你 不 学习，那 干 什么 呢?
Nǐ bù xuéxí, nà gàn shénme ne?

B 听听 音乐、 看看 电视剧 什么 的*。
Tīngting yīnyuè、 kànkan diànshìjù shénme de.

*同じ動詞を繰り返すことで「少し～する、してみる」という表現になります。

练 习 Liànxí

I 次の文をまず先生と一緒に何度も音読しましょう。慣れてきたら教科書を見ずにリピートします。その後、シャドウイングやディクテーションをしましょう。

①我想看熊猫。Wǒ xiǎng kàn xióngmāo.

②我要做作业。Wǒ yào zuò zuòyè.

③你得复习。Nǐ děi fùxí.

④我不想去中国。Wǒ bùxiǎng qù Zhōngguó.

⑤你不用去学校。Nǐ búyòng qù xuéxiào.

II 以下のようなとき、中国語でどういえばよいでしょうか？　この課で学んだ表現を応用してみましょう。

①授業をさぼってばかりいる友達に忠告をするとき。

_____

②口の悪い友達をたしなめるとき。

_____

III 与えられた日本語の意味になるように、各文の空欄に適切な語を入れなさい。

①我（　　　　）在北京吃烤鸭。：私は北京で北京ダックを食べたい。

②明天考试，今天我（　　　　）复习。：明日は試験だから、今日は復習しなくてはならない。

③你不（　　　　）吸烟。：たばこを吸ってはいけません。

④星期天我们不（　　　　）上课。：日曜日私たちは授業に出なくてよい。

Ⅳ 否定文に書きかえ、漢字（簡体字）で書いて日本語に訳しなさい。

①我想吃炒饭。

_____

②你应该那么做。

_____

③我得上班。

_____

④我要做作业。

_____

Ⅴ 次の日本語を中国語に訳し、漢字（簡体字）で書きなさい。適宜句読点を使うこと。

①あなたは電話をかけなくてよい。

_____

②明日私は学校へ行きたくない。

_____

③あなたは何を食べたいですか？

_____

④私は何をすべきでしょう？

_____

⑤あなたはどれが欲しいですか？

_____

⑥私は買い物をしたくなくなりました。（「～なくなった」⇒第十課）

_____

＊＊＊＊＊＊＊＊＊＊＊＊＊＊＊＊＊＊＊＊＊

考试　kǎoshì　試験（を受ける、おこなう）　　吸烟　xīyān　煙草を吸う　　炒饭　chǎofàn　チャーハン
那么　nàme　あのように、そのように　　打　dǎ　（電話を）かける　　电话　diànhuà　電話

第十二課

我会说汉语
Wǒ huì shuō Hànyǔ

语法重点 Yǔfǎ zhòngdiǎn

1、会 huì、能 néng、可以 kěyǐ　　：可能を表す

78

"会 huì" / "能 néng" / "可以 kěyǐ" ＋動詞→「～することができる」

a： 動詞の前に助動詞 "会" を置くと、学習や訓練を通して得た技能を使って何かができることを表します。

　①我会说汉语。Wǒ huì shuō Hànyǔ.

　②他会开车。Tā huì kāichē.

b： 動詞の前に助動詞 "能" を置くと、能力があって、あるいは条件が整っていて可能であることを表します。

　③我能看中文小说。Wǒ néng kàn Zhōngwén xiǎoshuō.

　④明天没有事，我能来。Míngtiān méiyǒu shì, wǒ néng lái.

c： 動詞の前に助動詞 "可以" を置くと、許可されていることを表します。"能" と置き換え可能なこともあります。

　⑤那儿可以抽烟。Nàr kěyǐ chōuyān.

　⑥今天有时间，我可以去。Jīntiān yǒu shíjiān, wǒ kěyǐ qù.

d： 否定文を作るときは助動詞の前に "不" を置きます。

　⑦他不会开车。Tā búhuì kāichē.

　⑧我喝酒了，不能开车。Wǒ hē jiǔ le, bùnéng kāichē.

　⑨那儿不能游泳。Nàr bùnéng yóuyǒng.

　⑩这儿不可以停车。Zhèr bùkěyǐ tíngchē.

＊ "不可以" は強い禁止を表します。

2、連動文

a： 1つの主語に対して複数の動詞が、行われる動作の順番に並んでいる文を「連動文」といいます。

> 主語＋動詞①＋動詞② → 「○○は〜して―する」

⑪我去美国学习。Wǒ qù Měiguó xuéxí.

⑫他来北京看京剧了。Tā lái Běijīng kàn Jīngjù le.

b： 連動文には、前の動詞がうしろの動詞の方法や手段を表す場合もあります。

⑬他坐飞机来东京。Tā zuò fēijī lái Dōngjīng.

⑭你用汉语说吧！ Nǐ yòng Hànyǔ shuō ba!

c： "不" や "没（有）" などの副詞は前の動詞に、"过" などの助詞（⇒第九課）はうしろの動詞につけます。

⑮我不回家吃饭。Wǒ bù huíjiā chī fàn.

⑯他坐船去过上海。Tā zuò chuán qù guo Shànghǎi.

生词表 Shēngcí biǎo

80

会	huì	〜できる
开车	kāichē	車を運転する
可以	kěyǐ	〜できる、〜してよい
抽烟	chōuyān	煙草を吸う
游泳	yóuyǒng	泳ぐ
停车	tíngchē	駐車する
美国	Měiguó	アメリカ
京剧	Jīngjù	京劇
坐	zuò	（交通機関に）乗る
飞机	fēijī	飛行機
用	yòng	使う
船	chuán	船

哦	ó	え？（半信半疑の気持ちを表す）
驾校	jiàxiào	自動車教習所

呢	ne	〜ですよ！（念を押す気持ちを表す）
当	dāng	〜になる
刚	gāng	〜したばかり
高速公路	gāosùgōnglù	高速道路
路	lù	道、道路
不一样	bù yíyàng	違う
当然	dāngrán	もちろん

包	bāo	包む
蒸	zhēng	蒸す
包子	bāozi	肉まん
炸	zhá	油で揚げる
薯条	shǔtiáo	フライドポテト
沙拉	shālā	サラダ
碗	wǎn	碗

82

说说看看 Shuōshuo　kànkan

妈妈会包饺子。　　Māma huì bāo jiǎozi.
爸爸会蒸包子。　　Bàba huì zhēng bāozi.
姐姐会炸薯条。　　Jiějie huì zhá shǔtiáo.
哥哥会做沙拉。　　Gēge huì zuò shālā.
弟弟会洗衣服。　　Dìdi huì xǐ yīfu.
妹妹会刷碗。　　　Mèimei huì shuā wǎn.

课 文 Kèwén

81

A 你 暑假 去 哪儿 了?
Nǐ shǔjià qù nǎr le?

B 我 去 学 开车 了。
Wǒ qù xué kāichē le.

A 哦, 你 会 开车 了?
Ó, nǐ huì kāichē le?

B 是 啊, 我 去 驾校 学了 两 个 月 呢。
Shì a, wǒ qù jiàxiào xuéle liǎng ge yuè ne.

A 那 你 可以 当 司机 了。
Nà nǐ kěyǐ dāng sījī le.

B 我 刚 会 开, 还 不 能 上 高速公路。
Wǒ gāng huì kāi, hái bù néng shàng gāosùgōnglù.

A 高速公路 和 一般 的 路 不 一样 吗?
Gāosùgōnglù hé yìbān de lù bù yíyàng ma?

B 当然 不 一样 了。
Dāngrán bù yíyàng le.

练 习 Liànxí

[I] 次の文をまず先生と一緒に何度も音読しましょう。慣れてきたら教科書を見ずにリピートします。その後、シャドウイングやディクテーションをしましょう。

①我会说汉语。Wǒ huì shuō Hànyǔ,

②他能看中文小说。Tā néng kàn Zhōngwén xiǎoshuō.

③明天我能来。Míngtiān wǒ néng lái.

④这儿可以抽烟。Zhèr kěyǐ chōuyān.

[II] 以下のようなとき、中国語でどういえばよいでしょうか？　この課で学んだ表現を応用してみましょう。

①運転免許を持っていないとき。

_____

②相手に明日の都合をたずねるとき。

_____

③（寺社などで）撮影してもよいかどうかを確認するとき。

_____

[III] 各文の空欄に適切な語を入れなさい。

①他不（　　　　）骑自行车。

②今天下雨，不（　　　　）游泳。

③这儿（　　　　）拍照吗?

④我二十岁了，（　　　　）喝酒了！

⑤那个孩子（　　　　）走了。

⑥我（　　　　）走三十公里。

82

Ⅳ 与えられた日本語の意味になるように、それぞれについて示してある語句を並び替え
なさい。

①【可以　饭　这儿　吃】。：ここで食事をすることができる。

_____

②他病了，【吸烟　能　不　了】。：彼は病気になったので、たばこが吸えなくなった。

_____

③她会开车，【也　摩托车　骑　会】。：彼女は車を運転できるし、バイクにも乗
れる。

_____

④我们【食堂　吃　去　午饭】。：私たちは昼食を食べに食堂へ行く。

_____

⑤她【上班　自行车　骑】。：彼女は自転車に乗って出勤する。

_____

Ⅴ 次の日本語を中国語に訳し、漢字（簡体字）で書きなさい。適宜句読点を使うこと。

①私は中国語で電話をかけます。

_____

②日本人は箸で食事をします。

_____

③私は車で（＝車を運転して）出勤します。

_____

④あなたはどこへ行って学びますか？

_____

⑤彼は日本に何をしに来るのですか？

_____

＊＊＊＊＊＊＊＊＊＊＊＊＊＊＊＊＊＊＊

骑　qí（自転車、馬などに）乗る　自行车　zìxíngchē　自転車　下雨　xiàyǔ　雨が降る　拍照
pāizhào　写真を撮る　走　zǒu　歩く　公里　gōnglǐ　～キロメートル　摩托车　mótuōchē　オートバイ

付　　録

◆時間詞一覧

年　　　～年 nián
二〇一九年 èrlíngyījiǔnián（2019 年）

月　　　～月 yuè
二月（2 月）

日　　　～号 hào／～日 rì
三十号／日（30 日）

曜日　　　星期 xīngqī～
星期一（月曜日）　　星期二（火曜日）　　星期三（水曜日）　　星期四（木曜日） 星期五（金曜日）　　星期六（土曜日）　　星期天 tiān／星期日 rì（日曜日）

一日の時間帯
早上 zǎoshang（朝）　　上午 shàngwǔ（午前）　　中午 zhōngwǔ（昼、正午） 下午 xiàwǔ（午後）　　晚上 wǎnshang（夜）　　夜里 yèli（深夜）

「今日」の前後
大前天 dàqiántiān（3 日前）　　前天（一昨日）　　昨天 zuótiān（昨日） 今天 jīntiān（今日）　　明天 míngtiān（明日）　　后天 hòutiān（明後日）　　大后天（3 日後）

「今週」の前後
上上〔个〕shàngshàng 星期（先々週）　　上〔个〕星期（先週） 这 zhè/zhèi〔个〕星期（今週）　　下〔个〕xià 星期（来週）　　下下〔个〕星期（再来週）

「今月」の前後
上上〔个〕月（先々月）　　上〔个〕月（先月）　　这〔个〕月（今月） 下〔个〕月（来月）　　下下〔个〕月（再来月）

「今年」の前後
大前年 dàqiánnián（3 年前）　　前年（一昨年）　　去年 qùnián（去年） 今年 jīnnián（今年）　　明年 míngnián（来年）　　后年 hòunián（再来年）　　大后年（3 年後）

時刻　　　～点 diǎn　～分 fēn　一刻 yíkè　半 bàn
一 yī 点二十分（1 時 20 分）　　两 liǎng 点一刻（2 時 15 分）　　十二 shí'èr 点半（12 時半）

◆3桁以上の数詞

一百 yìbǎi　一千 yìqiān　一万 yíwàn　一亿 yíyì（"一"の声調に注意！⇒P.10)

两百 liǎngbǎi　两千 liǎngqiān　两万 liǎngwàn　两亿 liǎngyì

两百二十 liǎngbǎi èrshí　两千两百二十二 liǎngqiān liǎngbǎi èrshi'èr（"二"と"两"の違いに注意！
（⇒第六課）

三千零三 sānqiān líng sān

三千零三十 sānqiān líng sānshí

三千三（百）sānqiān sān(bǎi)

零 líng ゼロ

（「トンデ」は"零"、末尾の0は省略可）

三百一十四 sānbǎi yīshísì（3桁以上の数の「十」は"一十"。"十"の前の"一"は常に一声。）

索　引

※数字は課数を示す。
※数字のみの単語は該当課の「生词表」を参照。
※数字の横に「練」がある単語は該当課の「练习」を参照。
※数字の横に「表」がある単語は該当課の「语法重点」に掲載した表を参照。
※「付」とある単語は102ページ「付録」を参照。

A

啊	a	9
矮	ǎi	4

B

把	bǎ	6
爸爸	bàba	2
吧	ba	5
百	bǎi	付
半	bàn	5
棒球	bàngqiú	9 練
包	bāo	12
包子	bāozi	12
报	bào	10
报纸	bàozhǐ	7
杯	bēi	9
北	běi	7 表
北方	běifāng	14
北京	Běijīng	3
北京烤鸭	Běijīngkǎoyā	9
本	běn	6
本子	běnzi	2
笔	bǐ	2
毕业	bìyè	10
遍	biàn	8
边儿	bianr	7
病	bìng	10
不错	búcuò	9
不是	búshì	1
不太	bútài	4 練
不要	búyào	11
不用	búyòng	11
不	bù	3
不少	bùshǎo	9
不一样	bùyíyàng	12

C

菜	cài	3
餐厅	cāntīng	7
厕所	cèsuǒ	7
茶	chá	9 練

长城	Chángchéng	11
场	chǎng	8
唱	chàng	3
超市	chāoshì	2
炒饭	chǎofàn	11 練
车站	chēzhàn	7
衬衫	chènshān	9
吃	chī	3
抽屉	chōuti	7
抽烟	chōuyān	12
出差	chūchāi	11
出门	chūmén	5
出去	chūqu	11
穿	chuān	10
船	chuán	12
窗户	chuānghu	7
春	chūn	4
春天	chūntiān	4
词典	cídiǎn	2
次	cì	8
从	cóng	8

D

打	dǎ	8
打	dǎ	11 練
打针	dǎzhēn	10
大	dà	4
大阪	Dàbǎn	4 練
大后年	dàhòunián	付
大后天	dàhòutiān	付
大前年	dàqiánnián	付
大前天	dàqiántiān	付
大学	dàxué	3
大学生	dàxuéshēng	1
蛋糕	dàngāo	3
但是	dànshì	7
当	dāng	12
当然	dāngrán	12
到	dào	8
德国	Déguó	9 練
德语	Déyǔ	4

的　de ……………………………………………… 2
得　děi …………………………………………… 11
第　dì ……………………………………………… 6
点　diǎn …………………………………………… 5
电话　diànhuà …………………………………… 11練
电脑　diànnǎo …………………………………… 2
电视　diànshì …………………………………… 3
电视机　diànshìjī ……………………………… 2
电视剧　diànshìjù ……………………………… 11
电影　diànyǐng ………………………………… 8
电影院　diànyǐngyuàn ………………………… 7
冬　dōng …………………………………………… 4
东　dōng ………………………………………… 7表
东京　Dōngjīng ………………………………… 4練
冬天　dōngtiān ………………………………… 4
东西　dōngxi …………………………………… 7
都　dōu …………………………………………… 1
读　dú ……………………………………………… 8
短信　duǎnxìn …………………………………… 8
对　duì …………………………………………… 5
多　duō …………………………………………… 7
多了　duōle ……………………………………… 10

E

俄语　Éyǔ ………………………………………… 9

F

发　fā ……………………………………………… 8
发烧　fāshāo …………………………………… 10
发音　fāyīn ……………………………………… 4
法国　Fǎguó …………………………………… 9
法语　Fǎyǔ ……………………………………… 9練
饭　fàn …………………………………………… 3
放学　fàngxué ………………………………… 5
非常　fēicháng ………………………………… 7
飞机　fēijī ……………………………………… 12
分　fēn …………………………………………… 5
分钟　fēnzhōng ………………………………… 8練
封　fēng …………………………………………… 6
复习　fùxí ……………………………………… 11

G

感觉　gǎnjué …………………………………… 10
感冒　gǎnmào ………………………………… 10
干　gàn …………………………………………… 11
刚　gāng ………………………………………… 12
高　gāo …………………………………………… 4
高速公路　gāosùgōnglù ……………………… 12
高中生　gāozhōngshēng ……………………… 1

哥哥　gēge ……………………………………… 6
歌儿　gēr ………………………………………… 3
个　ge ……………………………………………… 6
个月　geyuè ……………………………………… 8
给　gěi …………………………………………… 10
跟　gēn …………………………………………… 8
更　gèng ………………………………………… 13
功课　gōngkè …………………………………… 11
公里　gōnglǐ …………………………………… 12練
公司　gōngsī …………………………………… 2
公园　gōngyuán ………………………………… 7
狗　gǒu …………………………………………… 6
逛　guàng ………………………………………… 9
贵姓　guìxìng …………………………………… 1
国家　guójiā …………………………………… 3
果汁　guǒzhī …………………………………… 9
过　guo …………………………………………… 9

H

还　hái …………………………………………… 10
孩子　háizi ……………………………………… 10練
韩国　Hánguó …………………………………… 9
韩国人　Hánguórén …………………………… 1
汉语　Hànyǔ …………………………………… 3
好　hǎo …………………………………………… 4
号　hào …………………………………………… 5
喝　hē …………………………………………… 3
和　hé …………………………………………… 4
很　hěn …………………………………………… 4
后　hòu …………………………………………… 7表
后边儿　hòubianr ……………………………… 7
后年　hòunián …………………………………… 付
后天　hòutiān …………………………………… 5
画　huà …………………………………………… 3
画儿　huàr ……………………………………… 3
换　huàn ………………………………………… 10
回国　huíguó …………………………………… 8練
会　huì …………………………………………… 12
浑身　húnshēn ………………………………… 10

J

极了　jíle ………………………………………… 7
急事　jíshì ……………………………………… 11
几　jǐ ……………………………………………… 5
家　jiā …………………………………………… 5
家　jiā …………………………………………… 7練
驾校　jiàxiào …………………………………… 12
间　jiān …………………………………………… 6
件　jiàn …………………………………………… 6

饺子　jiǎozi ·························· 3 練
叫　jiào ····························· 1
教室　jiàoshì ······················· 2
节　jié ······························ 8
姐姐　jiějie ························· 6
借　jiè ···························· 10 練
今天　jīntiān ······················· 5
京都　Jīngdū ························ 9
经济　jīngjì ························· 8
京剧　Jīngjù ······················· 12
警察　jǐngchá ······················· 1
酒　jiǔ ····························· 11
就　jiù ····························· 10
觉得　juéde ························· 10

K

咖啡　kāfēi ························· 10
开　kāi ····························· 10
开车　kāichē ······················· 12
看　kàn ····························· 3
考试　kǎoshì ···················· 11 練
咳嗽　késou ························· 10
可乐　kělè ·························· 3
可以　kěyǐ ························· 12
课　kè ····························· 6
课　kè ····························· 8
课本　kèběn ························· 2
课文　kèwén ······················ 8 練
口　kǒu ····························· 6
裤子　kùzi ·························· 9
块　kuài ····························· 6
快乐　kuàilè ························· 5
筷子　kuàizi ························· 6

L

来　lái ····························· 3
老师　lǎoshī ························· 1
了　le ····························· 9
了　le ····························· 10
冷　lěng ····························· 4
里　lǐ ···························· 7 表
里边儿　lǐbianr ····················· 7
里面　lǐmiàn ························· 7
脸　liǎn ···························· 10
凉快　liángkuai ······················ 4
两　liǎng ···························· 6
零　líng ····························· 付
路　lù ····························· 12

M

妈妈　māma ························· 6
吗　ma ····························· 1
买　mǎi ····························· 3
猫　māo ····························· 6
毛衣　máoyī ························· 9
没劲儿　méijìnr ····················· 10
没有　méiyǒu ······················· 6
没（有）　méi(you) ··················· 9
美国　Měiguó ······················· 12
美国人　Měiguórén ··················· 1
每天　měitiān ···················· 9 練
妹妹　mèimei ······················· 6
门　mén ····························· 7
米饭　mǐfàn ························· 9
面包　miànbāo ······················ 6
明年　míngnián ···················· 9 練
明天　míngtiān ······················ 5
名字　míngzi ························· 1
摩托车　mótuōchē ·················· 12 練

N

哪　nǎ ···························· 2 表
哪里　nǎli ························· 7 表
哪儿　nǎr ····························· 3
哪些　nǎxiē ························· 2 表
那　nà ···························· 2 表
那　nà ····························· 5
那里　nàli ························· 7 表
那么　nàme ······················· 11 練
那儿　nàr ························· 7 表
那些　nàxiē ························· 2 表
难　nán ····························· 4
南　nán ···························· 7 表
呢　ne ····························· 1
呢　ne ····························· 11
呢　ne ····························· 12
哪个　něige(nǎge) ··················· 3
那个　nèige(nàge) ··················· 3
你　nǐ ···························· 1 表
你好　nǐhǎo ························· 1
你们　nǐmen ······················· 1 表
年　nián ····························· 5
年　nián ····························· 8
念　niàn ························· 8 練
您　nín ···························· 1 表
您好　nínhǎo ························· 1
暖和　nuǎnhuo ······················ 4
女朋友　nǚpéngyou ··················· 6

O

哦　ó ·· 12
欧洲　Ōuzhōu ······································ 8

P

拍照　pāizhào ····································12練
旁　páng ··· 7表
旁边儿　pángbiānr ······························ 7
胖　pàng ··10練
朋友　péngyou ···································· 3
啤酒　píjiǔ ·· 9
漂亮　piàoliang ··································· 7
瓶　píng ··· 6
苹果　píngguǒ ···································· 9

Q

骑　qí ···12練
起　qǐ ··· 5
起床　qǐchuáng ································· 5
千　qiān ··· 付
前　qián ·· 7表
钱　qián ···10練
钱包　qiánbāo ···································· 7
前年　qiánnián ·································10練
前天　qiántiān ··································· 5
巧克力　qiǎokèlì ································· 6
秋　qiū ·· 4
秋天　qiūtiān ····································· 4
去　qù ··· 3
去年　qùnián ·····································9練

R

热　rè ··· 4
人　rén ·· 6
日本人　Rìběnrén ······························ 1
日本　Rìběn ······································· 4
日语　Rìyǔ ···10
容易　róngyì ······································ 4

S

沙拉　shālā ·······································12
商店　shāngdiàn ································· 2
上　shàng ·· 7表
上　shàng ·· 8
上班　shàngbān ·································11
上（个）星期　shàng(ge)xīngqī ··········· 付
上个月　shàngge yuè ·························10練
上海　Shànghǎi ·································· 4
上课　shàngkè ···································· 5

上上（个）星期　shàngshàng(ge)xīngqī ········ 付
上上（个）月　shàngshàng(ge)yuè ··········· 付
上午　shàngwǔ ···································· 5
上星期　shàngxīngqī ·······················10練
谁　shéi ··· 3
身体　shēntǐ ······································ 5
什么　shénme ····································· 1
什么的　shénmede ·····························11
什么地方　shénme dìfang ···················· 4
什么时候　shénme shíhou ··················· 5
生日　shēngrì ···································· 5
时间　shíjiān ·····································11
食堂　shítáng ···································· 7
是　shì ·· 1
事　shì ···10
手机　shǒujī ······································ 2
书　shū ··· 2
书包　shūbāo ····································· 2
书店　shūdiàn ···································· 7
书架　shūjià ······································ 7
暑假　shǔjià ······································10
薯条　shǔtiáo ····································12
刷　shuā ···10
涮羊肉　shuànyángròu ························ 9
双　shuāng ·· 6
睡　shuì ·· 5
睡觉　shuìjiào ···································· 5
说　shuō ···11
司机　sījī ·· 1
宿舍　sùshè ······································· 2
岁　suì ···10

T

他　tā ··· 1表
她　tā ··· 1表
他们　tāmen ······································ 1表
她们　tāmen ······································ 1表
太－了　tài le ····································11
体育馆　tǐyùguǎn ······························7練
天　tiān ·· 8
天气　tiānqì ······································ 9
条　tiáo ·· 6
听　tīng ·· 3
停车　tíngchē ····································12
同学　tóngxué ···································10
头疼　tóuténg ···································10
图书馆　túshūguǎn ····························· 6

W

外	wài	7 表
外边儿	wàibianr	7
外语	wàiyǔ	4
玩儿	wánr	10 練
碗	wǎn	9
碗	wǎn	12
晚上	wǎnshang	5
万	wàn	付
网球	wǎngqiú	8
为什么	wèishénme	6
问	wèn	6
喔	wō	9
我	wǒ	1 表
我们	wǒmen	1 表
午饭	wǔfàn	9 練

X

西	xī	7 表
西瓜	xīguā	14
吸烟	xīyān	11 練
洗	xǐ	10
夏	xià	4
下	xià	7 表
下（个）星期	xià(ge)xīngqī	付
下（个）月	xià(ge)yuè	付
夏天	xiàtiān	4
下午	xiàwǔ	5
下下（个）星期	xiàxià(ge)xīngqī	付
下下（个）月	xiàxià(ge)yuè	付
下雨	xiàyǔ	12 練
现在	xiànzài	5
香港	Xiānggǎng	10
想	xiǎng	11
小	xiǎo	4
小卖部	xiǎomàibù	7
小时	xiǎoshí	8
小说	xiǎoshuō	2
校园	xiàoyuán	7
鞋	xié	10
写	xiě	3
谢谢	xièxie	5
新闻	xīnwén	10
信	xìn	6
星期二	xīngqī'èr	付
星期几	xīngqījǐ	5
星期六	xīngqīliù	5
星期日	xīngqīrì	付
星期三	xīngqīsān	5

星期四	xīngqīsì	付
星期天	xīngqītiān	5
星期五	xīngqīwǔ	付
星期一	xīngqīyī	付
姓	xìng	1
熊猫	xióngmāo	9 練
休息	xiūxi	8
学	xué	3
学生	xuésheng	1
学习	xuéxí	8
学校	xuéxiào	2

Y

牙	yá	10
要	yào	3
要	yào	8 練
要	yào	11
药	yào	10
也	yě	1
夜里	yèli	付
衣服	yīfu	6
医院	yīyuàn	7
一共	yígòng	8
一刻	yíkè	5
一块儿	yíkuàir	8
一上午	yíshàngwǔ	9
一样	yíyàng	4
已经	yǐjing	10 練
椅子	yǐzi	6
亿	yì	付
一般	yìbān	11
一起	yìqǐ	8
一直	yìzhí	10
音乐	yīnyuè	3
银行	yínháng	2
应该	yīnggāi	11
英语	Yīngyǔ	4
用	yòng	12
邮局	yóujú	2
游戏	yóuxì	10 練
游泳	yóuyǒng	12
有	yǒu	6
有	yǒu	7
有点儿	yǒudiǎnr	10
右	yòu	7 表
语法	yǔfǎ	4
雨伞	yǔsǎn	6 練
预习	yùxí	11
圆珠笔	yuánzhūbǐ	6

月　yuè ·· 5

Z

杂志　zázhì ·· 2
在　zài ··· 7
在　zài ··· 8
咱们　zánmen ······································ 1表
早　zǎo ··· 5
早点儿　zǎodiǎnr ································ 11
早饭　zǎofàn ·· 5
早上　zǎoshang ··································· 5
怎么　zěnme　なぜ ···························· 10
怎么样　zěnmeyàng ··························· 10
炸　zhá ·· 12
张　zhāng ·· 6
这　zhè ·· 2表
这里　zhèli ·· 7表
这么　zhème ······································ 11
这儿　zhèr ··· 7表
这些　zhèxiē ····································· 2表
这个　zhèige(zhège) ·························· 3
这（个）星期　zhèi(ge)xīngqī ·········· 付
这（个）月　zhèi(ge)yuè ················· 付
真　zhēn ·· 4
蒸　zhēng ·· 12

只　zhī ··· 6
支　zhī ··· 6
知道　zhīdào ······································ 6
职员　zhíyuán ····································· 6
纸　zhǐ ··· 6
只是　zhǐshì ·· 10
中国　Zhōngguó ································· 3
中国人　Zhōngguórén ························ 1
中文　Zhōngwén ································ 2
中午　zhōngwǔ ··································· 付
周末　zhōumò ····································· 8
祝　zhù ··· 5
住　zhù ··· 8
专业　zhuānyè ···································· 8
桌子　zhuōzi ······································· 6
字　zì ··· 3
自行车　zìxíngchē ···························· 12練
走　zǒu ··· 8
走　zǒu ··· 12練
最近　zuìjìn ·· 10
昨天　zuótiān ····································· 5
左　zuǒ ··· 7表
做　zuò ··· 9
坐　zuò ·· 12
作业　zuòyè ······································· 9

著 者

久米井 敦子（くめい あつこ）
　拓殖大学 教授

余 慕（Yu Mu）
　中央大学ほか講師

スタートライン中国語Ⅰ［初級］

2020. 2. 1　初 版 発 行
2023. 4. 10　初 版 3 刷 発 行

発行者　井 田 洋 二

発行所　〒 101-0062　東京都千代田区神田駿河台 3 の 7　株式会社 駿河台出版社
　　　　電話 03(3291)1676　FAX 03(3291)1675
　　　　振替 00190-3-56669
　　　　E-mail：edit@e-surugadai.com
　　　　URL：http://www.e-surugadai.com

製版／印刷　倉敷印刷
ISBN978-4-411-03129-7 C1087 ¥2200E

中国語音節全表

声母\韵母	1														i	ia	iao	ie
	a	o	e	-i	er	ai	ei	ao	ou	an	en	ang	eng	ong	i	ia	iao	ie
b	ba	bo				bai	bei	bao		ban	ben	bang	beng		bi		biao	bie
p	pa	po				pai	pei	pao	pou	pan	pen	pang	peng		pi		piao	pie
m	ma	mo	me			mai	mei	mao	mou	man	men	mang	meng		mi		miao	mie
f	fa	fo					fei		fou	fan	fen	fang	feng					
d	da		de			dai	dei	dao	dou	dan		dang	deng	dong	di		diao	die
t	ta		te			tai		tao	tou	tan		tang	teng	tong	ti		tiao	tie
n	na		ne			nai	nei	nao	nou	nan	nen	nang	neng	nong	ni		niao	nie
l	la		le			lai	lei	lao	lou	lan		lang	leng	long	li	lia	liao	lie
g	ga		ge			gai	gei	gao	gou	gan	gen	gang	geng	gong				
k	ka		ke			kai	kei	kao	kou	kan	ken	kang	keng	kong				
h	ha		he			hai	hei	hao	hou	han	hen	hang	heng	hong				
j															ji	jia	jiao	jie
q															qi	qia	qiao	qie
x															xi	xia	xiao	xie
zh	zha		zhe	zhi		zhai	zhei	zhao	zhou	zhan	zhen	zhang	zheng	zhong				
ch	cha		che	chi		chai		chao	chou	chan	chen	chang	cheng	chong				
sh	sha		she	shi		shai	shei	shao	shou	shan	shen	shang	sheng					
r			re	ri				rao	rou	ran	ren	rang	reng	rong				
z	za		ze	zi		zai	zei	zao	zou	zan	zen	zang	zeng	zong				
c	ca		ce	ci		cai		cao	cou	can	cen	cang	ceng	cong				
s	sa		se	si		sai		sao	sou	san	sen	sang	seng	song				
	a	o	e		er	ai	ei	ao	ou	an	en	ang	eng		yi	ya	yao	ye

4 【～で】N에서

- 집에서 쉬어요. 家で休みます。
- 이자카야에서 아르바이트해요. 居酒屋でバイトします。
- 식당에서 밥을 먹어요. 食堂でご飯を食べます。
- 영화관에서 영화를 봐요. 映画館で映画を観ます。

❶皆さんはどうですか。例から選びなさい。

Q : **보통 어디에서**どこで **V-아/어/해요?**

① (백화점 / 시장)에서 쇼핑해요.　② (식당 / 교실)에서 점심을 먹어요.

③ (집 / 도서관)에서 공부해요.　④ (공원 / 집 근처)에서 산책해요.

⑤ (집 / 극장)에서 영화를 봐요.　⑥ (　　?　　)에서 데이트해요.

❷それから［보기］のように友達と尋ね合いましょう。

[보기]

> A : 어디에서 쇼핑해요?
>
> B : 백화점에서 쇼핑해요.

5 【～でした・ました】A・V-았어요/었어요/했어요. / N(이)었어요.

- 아르바이트했어요. バイトしました。
- 집에서 공부했어요. 家で勉強しました。
- 맛있었어요. 美味しかったです。
- 힘들었어요. 大変でした。
- 어제 도서관에 갔어요. 昨日図書館に行きました。
- 밤에 영화를 봤어요. 夜映画を観ました
- 집에서 책을 읽었어요. 家で本を読みました。
- 커피를 마셨어요. コーヒーを飲みました。

❶下線がついている動詞・形容詞の基本形を言いなさい。

❷韓国語の過去形語尾「-했어요」「-았어요」「-었어요」は、どのように使い分けますか。

❸文章の意味を考えながら1人で練習しましょう。それから友達と尋ね合いましょう。

Q₁ : **어제 뭐 했어요?**

① 백화점에서 쇼핑하다

② 친구랑 놀다

③ 공원에서 운동하다

④ 집에 있다

⑤ 집에서 낮잠을 자다

⑥ 친구하고 저녁을 먹다

Q₂ : **어땠어요?**

① 피곤하다

② 힘들다

③ 좋다

④ 심심하다

⑤ 맛있다

⑥ 재미있다

track 33

2人が「週末にしたこと」について話しています。よく聞いて質問に答えなさい。

❖ よく聞いて、「週末に女子がしたこと」をすべて選びなさい。

① 시내에 갔어요.

② 친구를 만났어요.

③ 시내에서 쇼핑했어요.

④ 카페에서 커피를 마셨어요.

◆会話の状況と意味を意識し、学習した語彙と文法などを確認しながらテキストを読みましょう。

> 영민 : 하나 씨, 주말에 뭐 했어요?
>
> 하나 : 시내에 갔어요.
>
> 영민 : 누구랑 갔어요?
>
> 하나 : 친구하고 갔어요.
>
> 영민 : 거기에서 뭐 했어요?
>
> 하나 : 쇼핑했어요. 그리고 카페에서 커피도 마셨어요.
>
> 영민 : 어땠어요?
>
> 하나 : 참 재미있었어요.

주말	週末
시내	街
누구랑	誰と
그리고	そして
어땠어요?	どうでしたか
참	本当に・とても

ヨンミン	ハナさん、週末に何しましたか。
ハナ	街に行きました。
ヨンミン	誰と行きましたか。
ハナ	友達と行きました。
ヨンミン	そこで何しましたか。
ハナ	買い物しました。そしてカフェでコーヒーも飲みました。
ヨンミン	どうでしたか。
ハナ	とても楽しかったです。

【連音化】パッチムの次に初声の「ㅇ」がくる場合、パッチムの子音は次にくる母音「ㅇ」の位置に移って発音されます。

❖「-었어요」の発音

● 했어요[해써요] しました　　　● 재미있었어요[재미이써써요] 面白かったです

❖「-요일」の発音

● 월요일[워료일]　　● 목요일[모교일]　　● 금요일[그묘일]　　● 일요일[이료일]

➡️ Task 「先週のこと」について友達と話したり、尋ねたりしましょう。

先週（月曜〜日曜）、自分が行ったところ・したこと・気分を表から選び、[나] の表を完成させなさい。友達にも尋ね、[친구] の表に番号を書き入れなさい。

> **Q₁**: 월요일에 어디에 갔어요?
> **Q₂**: 거기에서 뭐 했어요?
> **Q₃**: 어땠어요?

어디에 갔어요?	뭐 했어요?	어땠어요?
① 시내	① 산책하다	① 심심하다
② 백화점	② 친구하고 놀다	② 재미있다
③ 커피숍	③ 영화를 보다	③ 힘들다
④ 친구 집	④ 친구를 만나다	④ 맛있다
⑤ 극장	⑤ 커피를 마시다	⑤ 좋다
⑥ 노래방	⑥ 쇼핑하다	⑥ 재미없다
⑦ 공원	⑦ 노래하다	⑦ 피곤하다
⑧ 아무 데도 안 가다	⑧ 아무것도 안 하다	

[나]

曜日	場所	したこと	気分
월			
화			
수			
목			
금			
토			
일			

[친구]

曜日	場所	したこと	気分
월			
화			
수			
목			
금			
토			
일			

⇒ 모바일(SNS, 웹서핑, 게임)

チェックしましょう

❶ 週末にしたことや気分などについて友達に話したり、尋ねたりできる。

❷ 「曜日」「週末活動」「感想・感じ方」を表す韓国語を言ってみましょう。

❸ 「場所 ＋ で」「〜でした・ました」を表す韓国語を言ってみましょう。特に過去形については、作り方を例を挙げて説明してみましょう。

文 法 3 ▶▶▶ Unit 07 - Unit 09

1 A・V-아요/어요/해요②

「ヘヨ体」は日本語の「〜です・ます」に当たる文末表現で、カジュアルな場で使う。

- **하다動詞**

  공부하다 → 공부해요

  좋아하다 → 좋아해요

- **語幹末の母音が「ㅏ, ㅗ」**

  살다 + -아요 → 살아요

  가다 + -아요 → 가아요 → 가요

  오다 + -아요 → 오아요 → 와요

  만나다 + -아요 → 만나아요 → 만나요

- **語幹末の母音が「하다」・「ㅏ, ㅗ」以外**

  있다 → 있 + -어요 → 있어요

  배우다 → 배우 + -어요 → 배우어요 → 배워요

  읽다 → 읽 + -어요 → 읽어요

한국어를 공부해요.　　　韓国語を勉強します。

저는 하나 씨를 좋아해요.

　　　私はハナさんが好きです。

A : 어디에 살아요?　　　どこに住んでいますか。
B : 서울에 살아요.　　　ソウルに住んでいます。

A : 지금 뭐 해요?　　　今何しますか。
B : 밥 먹어요.　　　ご飯食べています。

A : 주말에 뭐 해요?　　　週末に何しますか。
B : 도서관에서 책을 읽어요.

　　　図書館で本を読みます。

2 N에 (時間)

日本語の「〜に」に当たる。時間を表す名詞と共に使う。ただし、「어제, 오늘, 내일, 지금」とは結合しない。

아침 7시에 일어나요.　　　朝7時に起きます。

토요일에 약속이 있어요.

토요일에 약속이 있어요.

A : 몇 시에 자요?　　　何時に寝ますか。
B : 12시쯤 자요.　　　12時頃寝ます。

A : 내일 수업이 있어요?　　　明日授業ありますか。
B : 아니요, 없어요.　　　いいえ、ありません。

3 N에 가다 [오다/다니다]

日本語の「〜に行く・来る・通う」に当たる。移動の目的地を表す名詞を「에」の前におく。

도서관에 가요.　　　図書館に行きます。

사쿠라대학에 다녀요.　　　桜大学に通っています。

A : 어디에 가요?　　　どこに行きますか。
B : 학교에 가요.　　　学校に行きます。

A : 몇 시에 학교에 와요?

　　　何時に学校に来ますか。
B : 9시쯤 와요.　　　9時頃来ます。

4 A・V-았어요/었어요/했어요

日本語の「〜でした・〜ました」に当たる「ヘヨ体」の過去形。「N이다」の過去形は「N이었어요/였어요」となる。

- **하다動詞**

  공부하다 → 공부했어요

  좋아하다 → 좋아했어요

- **語幹末の母音が「ㅏ, ㅗ」**

  살다 + -았어요 → 살았어요

  오다 + -았어요 → 오았어요 → 왔어요

  만나다 + -았어요 → 만나았어요 → 만났어요

- **語幹末の母音が「하다」・「ㅏ, ㅗ」以外**

  있다 → 있 + -었어요 → 있었어요

  먹다 → 먹 + -었어요 → 먹었어요

  마시다 + -었어요 → 마시었어요 → 마셨어요

A : 주말에 뭐 했어요?　　週末に何しましたか。

B : 집에서 영화를 봤어요.
家で映画を観ました。

A : 어제 어디에 갔어요?
昨日どこに行きましたか。

B : 학교에 갔어요.　　学校に行きました。

A : 점심, 뭐 먹었어요?
昼ご飯、何食べましたか。

B : 라면 먹었어요.　　ラーメン食べました。

5　N에서 (場所)

日本語の「～で」に当たる。場所を表す名詞と共に使う。

도서관에서 공부해요.　　図書館で勉強します。

식당에서 밥을 먹어요.　　食堂でご飯を食べます。

A : 어디에서 아르바이트해요?
どこでバイトしますか。

B : 이자카야에서 해요.　　居酒屋でします。

A : 어디에서 친구 만나요?
どこで友達に会いますか。

B : 커피숍에서 만나요.
コーヒーショップで会います。

6　N을/를 (좋아하다)

日本語の「～が（好きだ）」に当たる。後に他動詞が来る。口語では「을/를」を入れないことが多い。

K-POP 을 좋아해요.　　K-POP が好きです。

한국 음식을 좋아해요.　　韓国料理が好きです。

A : 뭐 좋아해요?　　何（が）好きですか。

B : 사과(를) 좋아해요.　　りんごが好きです。

A : 누구를 좋아해요?　　誰が好きですか。

B : BTS를 좋아해요.　　BTS が好きです。

7　A・V-는 것(을 좋아하다)

日本語の「～こと（が好きだ）」に当たる。「-는 것」は動詞・形容詞の語幹につくと、それを名詞化することができる。話すときは「을/를」は使わないほうがより自然である。また「-는 것을 + 他動詞」は、縮めて「-는 걸 + 他動詞」とすることもできる。

・책을 읽다: 책(을) 읽 + -는 것을 좋아하다
　= 책(을) 읽는 것을 좋아해요.
　本読むことが好きです。

・영화 보다: 영화 보 + -는 것을 좋아하다
　= 영화 보는 걸 좋아해요.
　映画観ることが好きです。

영화 보는 거 좋아해요.
映画観ることが好きです。

A : 취미가 뭐예요?　　趣味は何ですか。

B : 저는 음악 듣는 것을 좋아해요.
私は音楽聞くことが好きです。

A : 뭘 좋아해요?　　何が好きですか。

B : 사진 찍는 걸 좋아해요.
写真撮ることが好きです。

8　N을/를 잘하다[잘 못하다/못하다]

日本語の「～が上手だ・よくできない・できない」に当たる。口語では「을/를」を使わないことが多い。

A : 한국어 잘해요?　　韓国語、上手ですか。

B : 네, 잘해요.　　はい、上手です。

A : 요리 잘해요?　　料理、上手ですか。

B : 아니요, 잘 못해요.
いいえ、あまり上手ではありません。

A : 영어 잘해요?　　英語、上手ですか。

B : 아니요, 못해요.　　いいえ、できません。

❶ 次の表現を、韓国語は日本語に、日本語は韓国語に直しなさい。

	하루 一日	취미 趣味	주말 週末	감정/느낌 感情・感じ方	시간/빈도 時間・頻度
①	起きる	여행하다	街に行く	いい・よい	よく
②	寝る	등산하다	買い物する	힘들다	가끔
③	화장실에 가다	애니메이션	데이트하다	退屈だ	시간
④	아침을 먹다	サッカーをする	영화를 보다	楽しい	いつ
⑤	학교에 오다	야구를 하다	낮잠을 자다	재미없다	今
⑥	집에 가다	낚시하다	일하다	맛있다	어제
⑦	점심을 먹다	音楽を聴く	友達と遊ぶ	まずい	今日
⑧	세수하다	本を読む	ご飯を食べる	피곤하다	내일
⑨	커피를 마시다	운동하다	家で休む	좋아하다	毎日
⑩	夕食を食べる	外国語を学ぶ	バイトをする		週末
⑪	勉強する	사진을 찍다	友達に会う		아침
⑫	숙제를 하다	요리하다	TV를 보다		점심
⑬	샤워하다	수영하다	何もしない		저녁
⑭	上手だ	운전하다	どこにも行かない		夜
⑮	못하다	노래하다			普通・普段
⑯	잘 못하다				

❷ (　　　) に入る適切な表現を書きなさい。

- 월요일 - (①　　　　　) – 수요일 - (②　　　　　) – 금요일 - (③　　　　　) – 일요일
- 토요일하고 일요일을 (④　　　　　)이라고 해요.

❸ Q : 지금 몇 시예요?

① 3시 59분이에요.　　　② 5시 48분이에요.　　　③ 7시 30분이에요.

④ 10시 15분이에요.　　　⑤ 11시 26분이에요.　　　⑥ 12시 42분이에요.

❹ (　　　) に入る適切な表現を書きなさい。

① 카페에서 커피를 (　　　　　).　　　② 어제 친구하고 사진을 (　　　　　).

③ 어제 도서관에서 책을 (　　　　　).　　　④ 가끔 영화를 (　　　　　).

⑤ 저는 보통 학교 식당에서 점심을 (　　　　　).

5 **（　　　）に入る適切な語を書きなさい。**

① 저는 드라마(　　　　　　) 좋아해요.　　② 오늘은 집(　　　　　　) 쉬어요.

③ 아침 7시(　　　　　) 일어나요.　　④ 오늘은 식당(　　　　　　) 점심을 먹었어요.

⑤ 학교에서 친구(　　　　　　) 놀았어요.　　⑥ 시내에서 친구(　　　　　　) 만났어요.

6 **次の動詞・形容詞を「〜です・ます／〜でした・ました体」で書きなさい。**

① 집에 가다　　　　　② 커피를 마시다　　　　　③ 밥을 먹다

④ 한국어를 배우다　　　⑤ 아르바이트를 하다　　　⑥ 맛있다

7 **①「집에 가요」、②「12시에 자요」、③「앞에 있어요」に使われている「에」の用法について説明しなさい。**

8 **次の質問に答えなさい。**

① A : 취미가 뭐예요?　　　　　B : _____.

② A : 무슨 운동을 좋아해요?　　B : _____.

③ A : 오늘 몇 시에 일어났어요?　B : _____.

④ A : 주말에 뭐 해요?　　　　　B : _____.

⑤ A : 여행 자주 가요?　　　　　B : _____.

⑥ A : 노래 잘해요?　　　　　　B : _____.

이야기하다　話す
지난주　先週
많이　たくさん
혼자　1人で
구경하다　見物する
아무 데도 안 가다
　どこにも行かない

9 **次のテキストを読んで質問に答えなさい。**

(민서) 저는 친구하고 이야기하는 것을 좋아해요. 지난주 토요일에는 시내에 갔어요. 사쿠라백화점 앞에서 친구를 만났어요. 같이 밥을 먹었어요. 커피도 마셨어요. 이야기도 많이 했어요. 참 재미있었어요.

(준민) 저는 집에 있는 것을 좋아해요. 토요일에는 아무 데도 안 갔어요. 집에만 있었어요. 집에서 영화를 봤어요. 책도 읽었어요. 커피도 마셨어요. 참 좋았어요.

(소미) 저는 쇼핑하는 것을 좋아해요. 일요일 아침에 혼자 백화점에 갔어요. 백화점 구경을 했어요. 티셔츠도 하나 샀어요. 저녁에 집에 왔어요. 아주 힘들었어요.

① 세 사람은 뭘 좋아해요?　　　　　_____

② 세 사람은 주말에 뭘 했어요? 어땠어요?　_____

③ 여러분은 누구랑 비슷해요?　　　_____

UNIT 10 음식

食べ物

自分が好きな食べ物や飲み物、味などについて、友達に話したり、尋ねたりできる。

今日のテーマは「食べ物」です。

1. 「外国人が好きな韓国料理 Best5」です。①には何が入るでしょうか。(2014, 한국문화관광연구원)

⇒ p.75

> (①   )(34.8%) – 불고기(33.3%) – 치맥(19%) – 갈비(14.9%) – 기타

2. では「韓国人が最も好きな「食べ物」・「飲料」・「おかず」・「果物」」は何でしょうか。

음식? 食べ物	음료? 飲料	반찬? おかず	과일? 果物
라면 ラーメン	녹차 緑茶	김치 キムチ	사과 リンゴ
비빔밥 ビビンパ	커피 コーヒー	나물 ナムル	복숭아 桃

(2014, 보건복지부)

1 「食べ物」・「飲み物」に関わる表現

빵	떡볶이[떡뽀끼]	물 水
김밥[김밥]	불고기	술 酒
우동	비빔밥[비빔빱]	우유 牛乳
라면	삼겹살	커피 コーヒー
피자	스파게티	주스 ジュース
냉면	(을/를) 먹다 食べる	(을/를) 마시다 飲む

2 「肉・魚・野菜・果物」に関わる単語

소고기 牛肉	배추 白菜	사과 リンゴ
돼지고기 豚肉	마늘 ニンニク	포도 ブドウ
닭고기[닥꼬기] 鶏肉	고추 唐辛子	복숭아 もも
(생선)회 刺身	파 長ネギ	바나나 バナナ

3 「味」に関連する表現

맵다 辛い　　짜다 塩辛い　　맛있다 美味しい　　맛없다 まずい

4 【どんな〜 ; 何の〜】무슨 N

● 무슨 요일이에요? 何曜日ですか。　　　　　● 무슨 음식을 좋아해요? どんな食べ物が好きですか。

● 무슨 영화를 자주 봐요? どんな映画をよく観ますか。　　● 무슨 일이에요? 何のことですか。

❶質問の答えを右から選びなさい。それから友達と尋ね合いましょう(聞き手はテキストを見ないこと)。

무슨　　① 음식　을/를 좋아해요?　　(김밥, 삼겹살, 비빔밥, ?)　　을/를 좋아해요.
　　　　② 요일　　　　　　　　　　(월요일, 수요일, 토요일, ?)
　　　　③ 운동　　　　　　　　　　(야구, 축구, 테니스, ?)
　　　　④ 과일　　　　　　　　　　(포도, 사과, 복숭아, ?)
　　　　⑤ 고기　　　　　　　　　　(소고기, 닭고기, 돼지고기, ?)
　　　　⑥ 영화　　　　　　　　　　(액션, 코미디, SF, ?)
　　　　⑦ 음악　　　　　　　　　　(K-POP, 클래식, 힙합, ?)

5 【〜ではありません・〜しません (否定の表現)】안 A・V

● 저는 고기를 안 먹어요. 私は肉を食べません。　　● 운동 안 해요. 運動しません。

● 야구는 안 좋아해요. 野球は好きではありません。　● 오늘은 공부 안 해요. 今日は勉強しません。

● 否定する際、「안」を使わない例 ●

A : 맛있어요? 美味しいですか。　　　　A : 알아요? 知っていますか。
B : 아뇨, 맛없어요. いいえ、まずいです。　B : 아뇨, 몰라요. いいえ、知りません。

❶上の例を参考にして、「안」が置ける位置について説明してみましょう。

❷「韓国語の否定表現」のルールを挙げてみましょう。

❸質問に答えてから、友達と尋ね合いましょう (聞き手はテキストを見ないこと)。

① 아침 먹었어요?　　　　　　　네, _____.　　아니요, _____.
② 선생님 나이年齢 알아요?　　　네, _____.　　아니요, _____.
③ 어제 아르바이트했어요?　　　네, _____.　　아니요, _____.
④ 저녁에 도서관에서 공부해요?　네, _____.　　아니요, _____.
⑤ 고기 좋아해요?　　　　　　　네, _____.　　아니요, _____.
⑥ 남자 친구/여자 친구 있어요?　네, _____.　　아니요, _____.
⑦ 자주 영화 봐요?　　　　　　　네, _____.　　아니요, _____.
⑧ 한국어 공부 재미있어요?　　　네, _____.　　아니요, _____.

2人が「好きな食べ物」と「味」について話しています。よく聞いて質問に答えなさい。

❖ 聞いた内容と一致するものには○を、一致しないものには×を書きなさい。

① 여자는 한국 음식을 좋아해요. (　　　)

② 여자는 특히 김밥을 좋아해요. (　　　)

③ 여자는 떡볶이는 안 좋아해요. (　　　)

④ 김밥은 매워요. (　　　)

◆会話の状況と意味を意識し、学習した語彙と文法などを確認しながらテキストを読みましょう。

> 영민 : 하나 씨는 한국 음식을 좋아해요, 중국 음식을 좋아해요?
>
> 하나 : 저는 한국 음식을 좋아해요.
>
> 영민 : 정말요? 특히 무슨 음식을 좋아해요?
>
> 하나 : 김밥을 좋아해요. 그리고 떡볶이도 좋아해요.
>
> 영민 : 떡볶이요? 안 매워요?
>
> 하나 : 매워요. 하지만 맛있어요.

ヨンミン	ハナさんは韓国料理が好きですか、中国料理が好きですか。
ハナ	私は韓国料理が好きです。
ヨンミン	本当ですか。 特にどんな料理が好きですか。
ハナ	キムパブが好きです。そしてトッポッキも好きです。
ヨンミン	トッポッキですか。辛くないですか。
ハナ	辛いです。でも美味しいです。

아주　とても
정말요? 本当ですか
특히　特に
그리고　そして
하지만　でも
매워요　辛いです
맛있어요　美味しいです

【激音化】「ㅎ」の直後に「ㄱ, ㄷ, ㅂ, ㅈ」が来ると「ㅎ＋ㄱ＝ㅋ, ㅎ＋ㄷ＝ㅌ, ㅎ＋ㅂ＝ㅍ, ㅎ＋ㅈ＝ㅊ」となり、それぞれ対応する激音 / ㅋ, ㅌ, ㅍ, ㅊ / で発音します。

● 특히[트키] 特に
● 백화점[배콰점] デパート
● 어떻게[어떠케] どう
● 많다[만타] 多い

【標準発音と非標準発音】

● 비빔밥[비빔빱] (○)
● 김밥[김밥] (✕), [김ː밥] (○) (現実発音は [김빱])

➡️ **Task 1** 次の会話を参考にして、友達が一番好きな料理を調べてみましょう。

A : 하나 씨는 어느 나라도의 국의 음식을 좋아해요?

B : 저는 이태리 음식을 좋아해요.   ………(한국 음식, 중국 음식, 일본 음식, ?)

A : 무슨 음식을 특히 좋아해요?

B : 스파게티를 좋아해요.   ………(비빔밥, 김밥, ?) (짜장면, 짬뽕, ?) (스시, 우동, ?)

	하나 씨	나	친구1	친구2
어느 나라 음식?	이태리 음식			
특히 무슨 음식?	스파게티			

➡️ **Task 2** 次の表を用いて、好きな食べ物や飲み物について友達と話したり、尋ね合ったりしましょう。

① 下の表の①～⑤から自分が一番好きな食べ物や飲み物を1つずつ選び、それらを食べる頻度をチェックします。

② 以下の質問を用いて、友達と尋ね合いましょう。

Q₁ : **뭘 가장 좋아해요?** 何が一番好きですか。

Q₂ : **자주 먹어요/마셔요?** よく食べますか・飲みますか。

	나			친구1			친구2		
一番好きな食べ物・飲み物?	가끔	자주	매일	가끔	자주	매일	가끔	자주	매일
① 우동 : 라면 : 밥 : 빵									
② 콜라 : 술 : 우유 : 주스									
③ 커피 : 차 : 물									
④ 고기 : 야채 : 생선									
⑤ 사과 : 포도 : 복숭아									

⇒ 1. ①비빔밥

2. 음식-라면(1.14회/주); 음료-커피(11.99회/주); 반찬-김치(10.76회/주); 과일-사과(1.64회/주)

💬 チェックしましょう

❶ 自分が好きな食べ物や飲み物、味などについて話したり、尋ねたりできる。

❷ 「食べ物」「飲み物」「肉と魚」「野菜と果物」「味」に関わる韓国語表現を言ってみましょう。

❸ 「どんな（なんの）」「否定語安の位置」「その他の否定表現」を表す韓国語について説明してみましょう。

UNIT 11 여가 활동

余暇活動

週末や休みの計画について友達に話したり、尋ねたりできる。

今日のテーマは「余暇活動」です。

「韓国人の余暇活動 Best5」です。①には何が入るでしょうか。(2013, 통계청)　　　⇒ p.79

① ＿＿＿＿＿＿＿＿ (59.9%)　② 집에서 쉬어요. (37.5%)　③ 집안일家事을 해요. (28.2%)

④ 친구를 만나요. (20.9%)　⑤ 게임을 해요. (13.1%)

1　「余暇活動」に関する表現

요리하다　料理する	집에서 쉬다　家で休む
운동하다　運動する	낮잠을 자다　昼寝をする
구경하다　見物する	TV/영화를 보다　TV・映画を見る
등산하다　登山する	아무것도 안 하다[아니다]　何にもしない
청소하다　掃除する	아무 데도 안 가다　どこにも行かない
쇼핑하다　買い物する	

2　余暇活動の「場所」

집　家	산　山
(옷/신발/화장품) 가게　店	바다　海
백화점　デパート	온천　温泉
시장　市場	

3　「先、今、来」関連表現

지난주　先週	이번 주　今週	다음 주　来週
지난 주말　先週末	이번 주말　今週末	다음 주말　来週末
작년[장년]　去年	올해　今年	내년　来年

4 【～するつもりです】V-(으)ㄹ 거예요

● 친구를 만날 거예요. 友達に会うつもりです。
● 비빔밥을 먹을 거예요. ビビンパを食べるつもりです。

A : 내일 뭐 할 거예요? 明日何しますか。
B : 집에서 쉴 거예요. 家で休むつもりです。

❶ 文章の意味を考えながら1人で練習しましょう。それから友達と尋ね合いましょう。

Q₁ : 주말에 어디에 갈 거예요?
① 산에 가다
② 백화점에 가다
③ 온천에 가다
④ 바다에 가다
⑤ 아무 데도 안 가다 どこにも行かない

Q₂ : 내일 뭐 할 거예요?
① 책을 읽다
② 아르바이트하다
③ 집에서 쉬다
④ 영화관에서 영화를 보다
⑤ 아무것도 안 하다 何にもしない

5 【～（し）に行く・来る】V-(으)러 가다 / 오다

A : 어디에 가요? どこへ行きますか。
B : 밥 먹으러 가요. ご飯食べに行きます。

A : 학교에 왜 왔어요? 学校になぜ来たのですか。
B : 공부하러 왔어요. 勉強しに来ました。

❶ 文章の意味を考えながら1人で練習しましょう。それから友達と尋ね合いましょう。

Q₁ : (道で友達に偶然会いました。) 어디에 가요?
① 영화 보다
② 친구집에 놀다
③ 커피 마시다
④ 옷 사다
⑤ 운동하다

Q₂ : (韓国に来ました。) 한국에 왜 왔어요?
① 구경하다
② 쇼핑하다
③ 일하다
④ 한국어 배우다
⑤ 남자 친구 만나다

❷ '여기'에 왜 가요?
① 식당
② 도서관
③ 커피숍
④ 극장

2人が「週末の計画」について話しています。よく聞いて質問に答えなさい。

❖ よく聞いて、「男」が週末にすることをすべて選びなさい。

① 친구를 만날 거예요. (　　　)

② 쇼핑을 할 거예요. (　　　)

③ 영화를 볼 거예요. (　　　)

④ 백화점에 옷을 사러 갈 거예요. (　　　)

◆会話の状況と意味を意識し、学習した語彙と文法などを確認しながらテキストを読みましょう。

> 하나 : 영민 씨, 이번 주말에 뭐 할 거예요?
>
> 영민 : 친구를 만날 거예요.
>
> 하나 : 친구랑 뭐 할 거예요?
>
> 영민 : 영화 보러 갈 거예요.
>
> 하나 : 그래요? 어디에서 만날 거예요?
>
> 영민 : 사쿠라백화점 앞에서 만날 거예요.
> 　　　하나 씨는 뭐 할 거예요?

ハナ	ヨンミンさん、今週末に何するつもりですか。
ヨンミン	友達に会うつもりです。
ハナ	友達と何するつもりですか。
ヨンミン	映画を見に行くつもりです。
ハナ	そうですか。どこで会うのですか。
ヨンミン	桜デパートの前で会うつもりです。
	ハナさんは何するつもりですか？

【-을 + ㄱ, ㄷ, ㅂ, ㅅ, ㅈ】「-을」の後ろに来る「ㄱ, ㄷ, ㅂ, ㅅ, ㅈ」は濃音化され、それぞれ / ㄲ, ㄸ, ㅃ, ㅆ, ㅉ / と発音します。

● 갈 거예요 [갈꺼예요] 行くつもりです

● 할 수 있어요 [할쑤이써요] 出来ます

【連音化】離れている2つの語をつなげて1つの音節で発音します。

● 안 하다 [아나다] しない − 안 해요 [아내요] しません

● 백화점 앞에서 [배콰저마페서] デパートの前で

➡️ **Task** 友達に週末の計画について話したり、尋ね合ったりしましょう。

AとBに別れてペアワークを行います。

①Bは、Aの質問に対してB₁の選択肢の中から答えを選びます。さらにB₂、（必要に応じて）B₃に進み、それぞれ①〜③から1つ選びましょう。

②Aは、B₂（B₃）の回答を参考にして、その答えを導くような質問を作ります。さらにB₁,₂,₃の答えによっては追加質問も作っていろいろ尋ねてみましょう、

③担当を交代しながら、いろいろな質疑応答を考えて練習してみましょう。

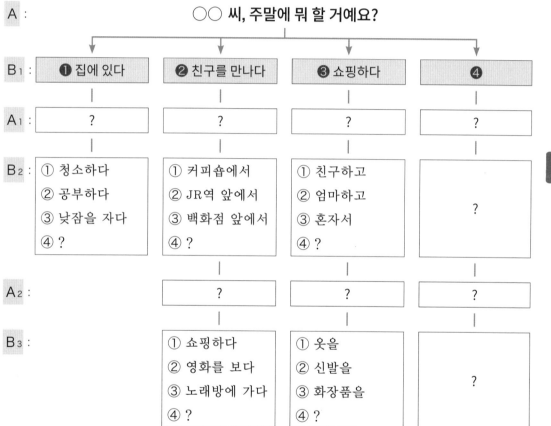

A : 　　　　　　　　　　　　　○○ 씨, 주말에 뭐 할 거예요?

B₁ :	❶ 집에 있다	❷ 친구를 만나다	❸ 쇼핑하다	❹
A₁ :	?	?	?	?
B₂ :	① 청소하다 ② 공부하다 ③ 낮잠을 자다 ④ ?	① 커피숍에서 ② JR역 앞에서 ③ 백화점 앞에서 ④ ?	① 친구하고 ② 엄마하고 ③ 혼자서 ④ ?	?
A₂ :		?	?	?
B₃ :		① 쇼핑하다 ② 영화를 보다 ③ 노래방에 가다 ④ ?	① 옷을 ② 신발을 ③ 화장품을 ④ ?	?

④練習が十分にできたら、❶〜❸のように❹（自由回答）をやってみましょう（テキストは見ずに、できるだけ自然な流れに進んでください）。

⇒ TV를 봐요

チェックしましょう

❶週末や休みの計画について話したり、尋ねたりできる。

❷「余暇活動」「場所」「先〜・今〜・来〜」に関わる韓国語表現を言ってみましょう。

❸「〜（する）つもりです」「〜に行く・来る」「動詞・形容詞の現在形・過去形・未来形」を表す韓国語について説明してみましょう。

UNIT 12 교통
交通

よく利用する交通手段や行き方、所要時間などについて、友達に話したり、尋ねたりできる。

今日のテーマは「交通」です。

「韓国人がよく利用する交通手段 Best5」です。（　　　）には何が入るでしょうか。　⇒ p.83

① 버스 ＋ 지하철 (27%)	② ＿＿＿＿＿ (22.7%)	③ 버스 (21.8%)
④ 자동차 自動車 (17.2%)	⑤ 기타 その他 (11.25%)	

(2015, 잡코리아 (「서울・경기지역」))

1 「交通手段」に関わる表現

JR	택시 タクシー	비행기 飛行機
KTX	전철 電車	걸어서 歩いて・徒歩で
신칸센 新幹線	지하철 地下鉄	
버스 バス	자전거 自転車	

2 「交通手段の利用」に関する表現

표 チケット

(버스를) 타다 （バスに）乗る

(택시에서) 내리다 （タクシーから）降りる

(지하철로) 갈아타다 （地下鉄に）乗り換える

(역에서) 멀다 （駅から）遠い

(집에서) 가깝다 （家から）近い

(교통이) 편리[펼리]하다 （交通が）便利だ

(교통이) 불편하다 （交通が）不便だ

3 「乗り場」関連の表現

역 駅　　공항 空港　　정류장[정뉴장] 停留場　　터미널 ターミナル

4 【～で】N(으)로

- 버스로 와요. バスで来ます。
- 지하철 2호선으로 가요. 地下鉄2号線で行きます。
- 전철로 왔어요. 電車で来ました。

A : 오사카에 어떻게 가요? 大阪にどうやって行きますか。

B : 비행기로 가요. 飛行機で行きます。

❶1人で練習してから、友達と尋ね合いましょう。

Q₁ : 학교에 어떻게 와요?

① JR   (으)로 와요.
② 버스
③ 택시
④ 자전거
⑤ 지하철
⑥ 걸어서   와요.

Q₂ : 집에 어떻게 가요?

① JR   (으)로 가요.
② 버스
③ 택시
④ 자전거
⑤ 지하철
⑥ 걸어서   가요.

❷여러분은 학교에 어떻게 와요? 지하철로 와요? 자전거로 와요? 걸어서 와요?

5 【～から～まで】N에서 N까지

- 집에서 학교까지 자전거로 와요. 家から学校まで自転車で来ます。
- 역까지 20분쯤 걸려요. 駅まで20分ぐらいかかります。

❶文章の意味を考えながら、[보기] のように1人で練習しましょう。それから友達と尋ね合いましょう。

학교 → 집

(45분쯤)

[보기]
A : 학교에서 집까지 어떻게 가요? 学校から家までどうやって行きますか。
B : 지하철로 가요. 地下鉄で行きます。

① 학교 → 역   ② 동경 → 오사카   ③ 일본 → 한국   ④ 여기 → 저기

(10분)   (1시간 반쯤)   (2시간 반쯤)   (5분쯤)

❷〈5-1〉を用いて、[보기] のように友達と尋ね合いましょう。

[보기]   A : (학교에서 집까지) 얼마나 걸려요? (学校から家まで) どれくらいかかりますか。

         B : (지하철로) 45분쯤 걸려요. (地下鉄で) 45分ぐらいかかります。

track 36

 2人が「学校に来る方法」と「かかる時間」について話しています。よく聞いて質問に答えなさい。

❖ よく聞いて、聞いたことと一致する内容のものを選びなさい。

① 남자는 집에서 학교까지 (전철 / 버스 / 자전거)로 와요.
　　　학교까지 (15분 / 20분 / 25분 / 30분)쯤 걸려요.

② 여자는 집에서 역까지 (지하철 / 버스 / 자전거)로 와요.
　　　역에서 학교까지 (지하철 / 버스 / 자전거)로 와요.
　　　학교까지 (40분 / 50분 / 55분)쯤 걸려요.

◆ 会話の状況と意味を意識し、学習した語彙と文法などを確認しながらテキストを読みましょう。

하나 : 영민 씨, 학교에 어떻게 와요?

영민 : 버스로 와요.

하나 : 버스로 얼마나 걸려요?

영민 : 20분쯤 걸려요. 하나 씨는요?

하나 : 집에서 역까지는 버스로 와요.
　　　그리고 역에서 지하철로 갈아타요.

영민 : 학교까지 얼마나 걸려요?

하나 : 50분쯤 걸려요.

역　駅
갈아타다
　乗り換える

ハナ	ヨンミンさん、学校へどうやって来ますか。
ヨンミン	バスで来ます。
ハナ	バスでどれぐらいかかりますか。
ヨンミン	20分ぐらいかかります。ハナさんは？
ハナ	家から駅まではバスで来ます。
	そして駅で地下鉄に乗りかえます。
ヨンミン	学校までどれぐらいかかりますか。
ハナ	50分ぐらいかかります。

【流音化】「ㄴ」と「ㄹ」が隣り合うと、「ㄴ」は全て流音「ㄹ」に変わり、/ ㄹㄹ / で発音されます。

● 편리하다[펼리하다] 便利だ　　● 신라[실라] 新羅　　● 설날[설랄] お正月

【流音の鼻音化】パッチム「ㅁ, ㅇ」の直後では「ㄹ」は鼻音 / ㄴ / で発音されます。

● 정류장[정뉴장] 停留場　　● 종로[종노] ジョンロ　　● 대통령[대통녕] 大統領

082

Task 1 韓国の観光案内地図です。地図を見て、韓国人役と外国人役に別れて、尋ね合いましょう。

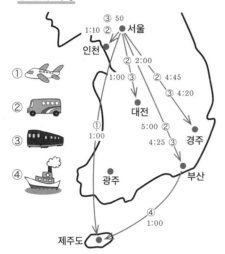

① ✈
② 🚌
③ 🚃
④ 🚢

③ 50
1:10 ②　● 서울
● 인천
② 2:00
1:00 ③
대전　② 4:45
③ 4:20
①
1:00　5:00 ②
4:25 ③　● 경주
● 광주　● 부산
④
1:00
● 제주도

[보기]　서울 → 부산 (🚃)

A : 부산까지 어떻게 가요?

B : 기차로 가요.

A : 얼마나 걸려요?

B : 4시간 25분쯤 걸려요.

Task 2 友達が学校に来るときに利用する交通手段と所要時間に関するアンケート調査を行い、その結果を発表しましょう。

アンケート調査

質問 : ① ○○ 씨, (집에서) 학교까지 어떻게 와요?

② (학교까지) 얼마나 걸려요?

	어떻게	얼마나			어떻게	얼마나
친구1				친구3		
친구2				친구4		

結果

① **교통 수단** 交通手段

● 1위: (　　　) (　　명) (　　%)　● 2위: (　　　) (　　명) (　　%)

● 3위: (　　　) (　　명) (　　%)　● 4위: (　　　) (　　명) (　　%)

② **평균**平均 _____ 시간 _____ 분 걸려요.

⇒ 지하철

チェックしましょう

❶ よく利用する交通手段や行き方、所要時間などについて話したり、尋ねたりできる。

❷「交通手段」「乗り場」「交通手段の利用」に関する韓国語表現を言ってみましょう。

❸「～で」の多様な意味、「～から～まで」「どうやって行きますか」「どれぐらいかかりますか」を表す韓国語を言ってみましょう。

1 무슨 N

日本語の「何・何の（＋ 名詞）」に当たり、不明な物事について尋ねるときに使う。

A : 오늘은 무슨 요일이에요?
　　今日は何曜日ですか。
B : 화요일이에요.　　　　　　火曜日です。

A : 무슨 음악을 좋아해요?
　　何の音楽が好きですか。
B : K-POP을 좋아해요.　K-POPが好きです。

2 안 A・V

❶日本語の「〜しない・〜くない・〜でない」に当たる。動詞・形容詞の前に置かれ、ある行為や状況を否定する。

가요 - 안 가요.
먹어요 - 안 먹어요.
추워요 - 안 추워요.

・고기를 안 먹어요.　　　　肉を食べません。
・오늘은 학교에 안 가요.
　今日は学校へ行きません。
・드라마를 안 좋아해요.
　ドラマは好きではありません。

❷「공부하다」のような動詞は「공부」と「하다」の2つの部分で構成されている。この場合は、「안」を「하다」の前に置かなければならない。

안 공부해요. （×）
공부 안 해요. （○）
운동 안 해요. （○）

A : 공부해요?　　　　　勉強していますか。
B : 아뇨, 공부 안 해요.
　　いいえ、勉強していません。

[参考]「N예요/이에요」の否定形は、「N이/가 아니에요」となる。

A : 학생이에요?　　　　　学生ですか。
B : 아니요, 학생이 아니에요.
　　いいえ、学生ではありません。

[参考]「있다」と「알다知る・分かる」は、それぞれの反対語「없다」と「모르다知らない・分からない」を使って否定文を作る。

안 알아요. （×）　　몰라요. （○）
안 있어요. （×）　　없어요. （○）
안 재미있어요. （×）　재미없어요. （○）

A : 이 사람 알아요?　この人知っていますか。
B : 아니요, 몰라요.　いいえ、知りません。

A : 맛있어요?　　　　　美味しいですか。
B : 아니요, 맛없어요.　いいえ、まずいです。

3 V-(으)ㄹ 거예요

日本語の「〜ます・〜つもりです」に当たり、未来を表す。主に動詞と結合する（形容詞と結合すると、「推測」の意味が強くなる）。

읽다: 읽 + -을 거예요 → 읽을 거예요.
하다: 하 + -ㄹ 거예요 → 할 거예요.
놀다: 놀 + -ㄹ 거예요 → 놀 거예요.

내일 영화를 볼 거예요.
　明日映画を観るつもりです。

A : 주말에 뭐 할 거예요?
　　週末に何するつもりですか。
B : 집에서 책을 읽을 거예요.
　　家で本を読むつもりです。

A : 뭐 먹을 거예요?　何を食べるつもりですか。
B : 우동 먹을 거예요.
　　うどん食べるつもりです。

4 V-(으)러 가다/오다

日本語の「～（し）に行く・来る」に当たり、
動作（行く・来る）の目的を表す。

먹다: 먹 + -으러 가다 → 먹으러 가요.

사다: 사 + -러 가다 → 사러 가요.

책을 사러 서점에 가요.
　　本を買いに書店に行きます。

친구 집에 놀러 갔어요.
　　友達の家に遊びに行きました。

A : 어디에 가요?　　　　　どこへ行きますか。
B : 밥 먹으러 가요.　　ご飯を食べに行きます。

A : 왜 왔어요?　　　　　どうして来ましたか。
B : 하나 씨 보러 왔어요.
　　　　ハナさんに会いに来ました。

5 N(으)로 (交通手段・道具)

❶日本語の「～で・～を使って（道具・手
段）」に当たる。先行語のパッチムが「ㄹ」の
場合（例えば「지하철」）は「으로」ではなく
「로」を付ける。

버스 + 로 → 버스로

지하철 2호선 + 으로 → 지하철 2호선으로

지하철 + 로 → 지하철로

❷「歩く」場合は「걸어서 歩いて」を使う。

자전거로 가요.　　　　　　自転車で行きます。

학교까지 지하철로 가요.
　　学校まで地下鉄で来ます。

A : 부산까지 어떻게 가요?
　　釜山までどうやって行きますか。
B : KTX로 가요.　　　　KIXで行きます。

A : 집에 어떻게 가요?
　　家にどうやって帰りますか。
B : 걸어서 가요.　　　　　歩いていきます。

6 N에서 N까지

日本語の「～から～まで」に当たり、動作の
開始点から到着点を表す。

집에서 학교까지 걸어서 와요.
　　家から学校まで歩いてきます。

시내까지 30분쯤 걸려요.
　　市内まで30分ぐらいかかります。

A : 어디에서 왔어요?　　どこから来ましたか。
B : 일본에서 왔어요.　　日本から来ました。

A : 어디까지 가요?　　　どこまで行きますか。
B : 동경까지 가요.　　　東京まで行きます。

A : 택시로 얼마나 걸려요?
　　タクシーでどれぐらいかかりますか。
B : 20분쯤 걸려요.　　20分ぐらいかかります。

7 왜

日本語の「なぜ・どうして」に当たり、「理
由」を尋ねるときに使う疑問詞

A : 왜요?　　　　　　　　どうしてですか。
B : 아무것도 아니에요.　なんでもありません。

A : 어제 왜 학교에 안 왔어요?
　　昨日なぜ学校に来なかったのですか。
B : 늦게 일어났어요.　　　寝坊しました。

8 어떻게

日本語の「どのように・どうやって」に当た
り、「方法」を尋ねるときに用いる疑問詞

A : 학교까지 어떻게 가요?
　　学校までどうやって行きますか。
B : 버스로 가요.　　　　　バスで行きます。

A : 이거 어떻게 먹어요?
　　これ、どうやって食べますか。
B : 젓가락으로 먹어요.　　お箸で食べます。

① 次の表現を、韓国語は日本語に、日本語は韓国語に直しなさい。

	음식/음료 食べ物・飲料	고기/생선 등 肉・魚など	여가 활동 余暇活動	교통 交通	교통수단의 이용 交通手段の利用
①	パン	소고기	料理する	バス	표
②	김밥	닭고기	청소하다	택시	バスに乗る
③	우동	돼지고기	見物する	기차	버스에서 내리다
④	ラーメン	회	家で休む	自転車	지하철로 갈아타다
⑤	냉면	白菜	낮잠을 자다	地下鉄	집에서 멀다
⑥	떡볶이	にんにく	韓国語を学ぶ	신칸센	駅から近い
⑦	불고기	唐辛子	여행을 가다	전철	편리하다
⑧	비빔밥	파	사진을 찍다	비행기	不便だ
⑨	삼겹살	りんご	드라마를 보다	歩いて	どうやって行きますか
⑩	お水	포도	山	駅	どれぐらいかかりますか
⑪	お酒	桃	海	정류장	
⑫	우유	美味しい	温泉	空港	
⑬	コーヒー	맛없다		터미널	
⑭	콜라	짜다			
⑮	과일	辛い			
⑯	야채				

② 「時間表現」です。(　　　) に適切な表現を書きなさい。

・(①　　　　　　　) – 이번 주 – 다음 주　　　・(②　　　　　　　) – 이번 주말 – (③　　　　　　　)

③ (　　　) に入る適切な表現を書きなさい。

① 아침에 우유를 (　　　　　　　).　　　② 버스는 버스 정류장에서 (　　　　　　　).

③ 어제는 아무것도 (　　　　　) 먹었어요.　　　④ 오늘은 아무 데도 (　　　　　) 갈 거예요.

④ (　　　) に入る適切な助詞を書きなさい。

① 김밥(　　　　　) 좋아해요.　　　② 집(　　　　　　) 드라마 보는 것을 좋아해요.

③ 저는 한국(　　　　　) 왔어요.　　　④ 학교에 버스(　　　　　) 와요.

⑤ 학교에서 역(　　　　　　) 가까워요.　　　⑥ 역에서 지하철(　　　　　) 갈아타요.

5 （　　）の中の表現を、文章に合わせて書き直しなさい。

① 식당에 밥 (먹다) 가요.　　　　　　　② 학교에 (공부하다) 왔어요.

③ 백화점에 (옷 사다) 가요.　　　　　　④ 내일 친구하고 영화 (보다) 가요.

6 正しくないものを1つ選びなさい。

① 오늘은 아무 데도 <u>안 갔어요.</u>　　　　② 아르바이트 <u>안 해요.</u>

③ <u>안 알아요.</u>　　　　　　　　　　　　④ 영화가 <u>재미없어요.</u>

7 「疑問表現」です。（　　）に入る適切の疑問詞を入れなさい。

① A : 삿포로까지 (　　　　　　　) 가요?　　　　B : 비행기로 가요.

② A : 한국까지 비행기로 (　　　　　　) 걸려요?　　B : 두 시간쯤 걸려요.

③ A : 어제 (　　　　　　) 학교에 안 왔어요?　　　B : 어제는 수업이 없었어요.

④ A : (　　　　　　) 운동을 좋아해요?　　　　　B : 야구를 좋아해요.

8 次の質問に答えなさい。

① A : 오늘 무슨 요일이에요?　　　　　B : ＿＿＿＿＿＿＿＿＿＿＿＿＿.

② A : 주말에 뭐 할 거예요?　　　　　　B : ＿＿＿＿＿＿＿＿＿＿＿＿＿.

③ A : 학교에 어떻게 와요?　　　　　　B : ＿＿＿＿＿＿＿＿＿＿＿＿＿.

④ A : 선생님 이름 알아요?　　　　　　B : ＿＿＿＿＿＿＿＿＿＿＿＿＿.

9 次のテキストを読んで、（　　）内の語を、適切な形に直しなさい。

하나 씨, 안녕하세요.

지금 저는 제주도에 있어요. 친구하고 (①놀다) 왔어요.

제주도는 섬島이에요. 부산에서 배로 왔어요. 12시간 걸렸어요.

오늘은 아침 일찍부く 한라산에 갔어요. 산하고 바다가 정말本当に 예뻤어요. 하지만 너무 힘들었어요. 물도 많이 (②마시다).

저녁에는 밥을 (③먹다) 시장에 갔어요. 김밥하고 떡볶이를 먹었어요. 맥주도 마셨어요. 아주 (④맛있다).

지금 호텔이에요. 너무 피곤해요. 그래서 내일은 아무 데도 안 갈 거예요. 늦게까지遅くまで 푹ぐっすり (⑤자다).

하나 씨, 오늘은 여기까지…. 내일 다시 메일 쓸게요書きます.

　　잘 있어요.

　　　　　　　　　　　　　　　　　　　　　　　　　　　　　　　-민서-

---

① (　　　　　) ② (　　　　　) ③ (　　　　　) ④ (　　　　　) ⑤ (　　　　　)

UNIT 13 한국어 학습

韓国語学習

・・・

学習関連表現を用いて、韓国語学習について友達に話したり、尋ねたりできる。

今日のテーマは「韓国語学習」です。

まず、次の質問に答えてみましょう。

1. **한국어를 공부할 때, 나는 '이것'이 가장 어렵다.** 韓国語を学ぶ時、私は「これ」が一番むずかしい。

　① 단어　　　　　② 문법　　　　　③ 발음

2. **한국어를 공부할 때, 나는 '이것'이 가장 중요하다.** 韓国語を学ぶ時、私は「これ」が一番大事だと思う。

　① 말하기　　　② 듣기　　　　③ 읽기　　　　④ 쓰기

1　「韓国語学習」関連の表現①

단어 単語　　　　시험 試験　　　　　　　읽다 読む → 읽기[일끼] リーディング

문법 文法　　　　듣다 聞く → 듣기 リスニング　쓰다 書く → 쓰기 ライティング

발음 発音　　　　말하다 話す → 말하기 スピーキング

2　「韓国語学習」関連の表現②

알다 分かる・知る　　　쉽다 やさしい　　질문하다 質問する

모르다 知らない・分からない　어렵다 難しい　대답하다[대다파다] 答える

수업이 시작하다 授業が始まる　　수업이 끝나다[끈나다] 授業が終わる

> 모르다 → 몰라요.
> 다르다 → 달라요.

3　「授業」でよく使われる「命令」表現

[주다] (숙제) 주세요. (宿題)ください。　　　[이야기하다] 이야기하세요. 話しなさい。

[앉다] (여기에) 앉으세요. (ここに)座りなさい。　[쓰다] (노트에) 쓰세요. (ノートに)書きなさい。

[읽다] (책을) 읽으세요. (本を)読みなさい。　　[대답하다] (질문에) 대답하세요.

[보다] (앞을) 보세요. (前を)見なさい。　　　　(質問に)応えなさい。

[듣다] (잘) 들으세요. (よく)聞きなさい。

4　「比較」を表す表現

(N하고) 같다 (～と)同じだ　　　　　　(N하고) 비슷하다[비스타다] (～と)似ている

(N하고) 다르다 (～と)異なる ※[ヘヨ体は달라요]

5 【ㅂ不規則】「ㅂ불규칙」動詞と形容詞

● [고맙다] 고마워요. 有難うございます。　　　　● [반갑다] 만나서 반가워요. お会いできて嬉しいです。

● [어렵다] 시험이 어려웠어요. 試験が難しかったです。

● [덥다] 어제는 더웠어요. 昨日は暑かったです。

❶ 文章の意味を考えながら1人で練習しましょう。それから [보기] のように友達と尋ね合いましょう（聞き手はテキストを見ないこと）。

[보기]　김치(가) 맵다.　　A : 김치, 매워요?　　B₁ : 네, 매워요.

　　　　　　　　　　　　　　　　　　　　　B₂ : 아니요, 안 매워요.

① 집이 역에서 가깝다.　　　　　　② 한국어 발음이 어렵다.

③ 시험이 쉬웠다[쉽다].　　　　　　④ 어제 추웠다[춥다]寒かった.

6 【(あまり) 〜ではない】(별로) 안 A・V

● 아주 바빠요. とても忙しいです。　　　　● 별로 안 바빠요. あまり忙しくないです。

❶ 1人で答えてから、友達と尋ね合いましょう（聞き手はテキストを見ないこと）。

A : 시험이 어려웠어요? 試験が難しかったですか。

B₁ : 네, 아주 어려웠어요. はい、とても難しかったです。

B₂ : 아니요, 별로 안 어려웠어요. いいえ、あまり難しくなかったです。

[○ 아주 A・V, ◇ 별로 안 A・V, □ 안 A・V]

질문	나	친구1	친구2
① 많이 바빠요?			
② 한국어 공부, 많이 어려워요?			
③ 집이 학교에서 가까워요?			
④ 한국 음식 좋아해요?			
⑤ 아르바이트 안 힘들어요?			

7 【そして】 그리고 :【でも】하지만 :【ところで】그런데 :【それで】그래서

● 방이 싸요. 그리고 커요. 部屋が安いです。そして大きいです。

● 김치는 매워요. 하지만 맛있어요. キムチは辛いです。でも美味しいです。

● 아, 그래요? 그런데 지금 몇 시예요? あ、そうですか。ところで今何時ですか。

● 많이 아팠어요. 그래서 못 왔어요. 具合が悪かったです。それで来られなかったのです。

track 37

2人が「韓国語学習」について話しています。よく聞いて質問に答えなさい。

1. よく聞いて、聞き取れた表現をチェックしなさい。

쉬워요 □　　어려워요 □　　몰라요 □　　같아요 □　　비슷해요 □

2. よく聞いて＿＿に入る適切な語を書きなさい。

한국어의 ① _____ 은/는 일본어하고 달라요. 그래서 조금 어려워요.

　　　　② _____ 은/는 일본어하고 비슷해요. 그래서 별로 안 어려워요.

◆会話の状況と意味を意識し、学習した語彙と文法などを確認しながらテキストを読みましょう。

> 영민 : 한국어 공부 어때요? 안 어려워요?
>
> 하나 : 음…, 조금 어려워요. 하지만 재미있어요.
>
> 영민 : 다행이네요. 그런데 뭐가 제일 어려워요?
>
> 하나 : 발음이 제일 어려워요.
>
> 영민 : 문법은 어때요?
>
> 하나 : 문법은 일본어하고 비슷해요.
>
> 　　　그래서 별로 안 어려워요.
>
> 영민 : 그래요? 그럼, 열심히 하세요.

ヨンミン	韓国語の勉強どうですか。難しくないですか。
ハナ	うん、ちょっと難しいです。でも面白いです。
ヨンミン	良かったですね。どころで何が一番難しいですか。
ハナ	発音が一番難しいです。
ヨンミン	文法はどうですか。
ハナ	文法は日本語と似ています。
	なのであまり難しくないです。
ヨンミン	そうですか。では、頑張ってください。

조금 少し・ちょっと
하지만 でも
다행이네요 よかったですね
제일 一番
열심히 一生懸命に

【鼻音化】パッチムの音「ㄱ, ㄷ, ㅂ」は直後に鼻音「ㄴ, ㅁ」が来ると、それぞれ / ㅇ, ㄴ, ㅁ / で発音されます。

● 끝나다[끈나다] 終わる　　● 학년[항년] 学年　　● 봅니다[봄니다] 見ます

【ㅎの多様な発音】

● 비슷하다[비스타다] 似てる　　● 많이[마니] たくさん

090

➡ **Task 1** 下の例にならって、友達と韓国語学習の難しいところ（易しいところ）について
話したり、尋ね合ったりしてみましょう。

A : 한국어, 안 어려워요?

↓

B : 네, (아주/조금) 어려워요.　　　　B : 아니요, (별로 안/안) 어려워요.

↓　　　　　　　　　　　　　　　　　　　　↓

A : 뭐가 제일一番 어려워요?　　　　A : 발음은 어때요?

↓　　　　　　　　　　　　　　　　　　　　↓

B : (발음/문법/단어)이/가 제일 어려워요.　　B : _____.

↓　　　　　　　　　　　　　　　　　　　　↓

A : (발음/문법/단어)은/는 어때요?　　A : 문법은 어때요?

↓　　　　　　　　　　　　　　　　　　　　↓

B : _____.　　B : _____.

↓　　　　　　　　　　　　　　　　　　　　↓

A : (발음/문법/단어)은/는 어때요?　　A : 단어는 어때요?

↓　　　　　　　　　　　　　　　　　　　　↓

B : _____.　　B : _____.

UNIT 13

➡ **Task 2** Task1の表現を使って、韓国語の「말하기, 듣기, 읽기, 쓰기」学習に関する友達
の意見を調べてみましょう。友達は何が一番難しいと思っているでしょうか。

(4: 아주 어려워요　3: 조금 어려워요　2: 별로 안 어려워요　1: 안 어려워요)

	말하기	듣기	읽기	쓰기
친구1				
친구2				
친구3				
합계合計				

💬 チェックしましょう

❶ 学習関連表現を用いて、韓国語学習について友達に話したり、尋ねたりできる。

❷「学習関連表現」「比較を表す表現」「授業でよく使われる命令表現」について言ってみま
しょう。

❸「命令形の作り方」「ㅂ不規則動詞・形容詞の活用」「接続表現（そして・でも・ところで・
それで）」「とても・あまり～ない」を表す韓国語について説明してみましょう。

UNIT 14 약속

약束

友達の意向を尋ねたり、自分の希望や意見（同意・断り）を伝えたりできる。

今日のテーマは「約束」です。

韓国人男女の「待ち合わせに遅れたときの言い訳」です。皆さんが待ち合わせに20分ほど遅れたら、友達にあったとき初めに何といいますか。

① 미안~   ② 오늘이었어요?   ③ 많이 기다렸어요?   ④ 차가 막혔어요. 渋滞でした。
⑤ 왜 이렇게 일찍 왔어요? どうしてこんなに早く来ましたか。   ⑥ 그 외 (   )

1 「約束」関連表現

약속하다 約束する   약속이 있다 約束がある   약속 시간 約束時間
약속 장소 約束場所

2 提案などに「同意」の際によく使う表現

A : 영화 보러 갈래요? 映画見に行きませんか。
B : _____ .

오케이 OK   좋아요[조아요]. いいです。
그래요. そうしましょう。   괜찮아요[괜차나요]. 大丈夫です。

3 「断り」の際によく使う表現

싫어요[시러요]! いやです。   안 돼요! だめです。
미안해요. ごめんなさい。   죄송합니다. すみません。

A : 내일 같이 노래방 갈래요? 明日一緒にカラオケ行きませんか。
B : _____ .

미안해요. 내일은 좀 …. ごめんなさい。明日はちょっと…

미안해요. 내일은 안 돼요. ごめんなさい。明日はだめです。

미안해요. (다른) 약속이 있어요. ごめんなさい。(別の)約束があります。

저도 가고 싶어요. 하지만 요즘 좀 바빠요. 私も行きたいです。でも、最近ちょっと忙しいです。

4 【～ましょうか・～ませんか】 V-(으)ㄹ래요?

A : 내일 등산 갈래요? 明日、登山行きませんか。

B : 네, 좋아요. はい、いいです。 가요. 行きましょう。

A : 오늘 우리집에서 놀래요? 今日私の家で遊びましょうか。

B : 미안해요. 약속이 있어요. ごめんなさい。約束があります。

A : 뭐 먹을래요? 何食べましょうか。

B : 비빔밥 먹어요. ビビンパ食べましょう。

❶文章の意味を考えながら1人で練習しましょう。それから〔보기〕のように友達と尋ね合いましょう（聞き手はテキストを見ないこと）。

〔보기〕 **술 한잔하다** 一杯やる   Q : 술 한잔할래요?   A₁ : 네, 좋아요. 한잔해요.

                                                 A₂ : 미안해요. 술은 좀 …

① 커피 한잔하다   ② 같이 영화 보다   ③ 점심 같이 먹다

④ 우리 집에 놀러 가다   ⑤ 주말에 등산 가다   ⑥ 콘서트에 같이 가다

❷友達の話を聞いて、友達の意向を尋ねてみましょう。

① 친구: "배가 아파요." お腹が痛いです。   나: _____.

② 친구: "오늘 수업이 없어요."   나: _____.

③ 친구: "배가 고파요." お腹が空いています。 나: _____.

5 【～たい】 V-고 싶다

● 디즈니에 가고 싶어요. ディズニーランドに行きたいです。

● 좀 쉬고 싶어요. 少し休みたいです。

A : 뭐 먹고 싶어요? 何食べたいですか。

B : 라면 먹고 싶어요. ラーメン食べたいです。

❶質問に答えてください。それから友達と尋ね合いましょう（聞き手はテキストを見ないこと）。

① 지금 뭐 하고 싶어요?   (쉬다, 잠자다, 공부하다, ?)

② 점심에 뭐 먹고 싶어요?   (라면, 김밥, 비빔밥, ?)

③ 주말에 어디에 가고 싶어요?   (산, 바다, 온천, ?)   -고 싶어요.

④ 어느 나라에 가고 싶어요?   (한국, 중국, 미국, ?)

⑤ 거기에서 누구를 만나고 싶어요? (가수, 배우俳優, 친구, ?)

track 38

2人がコンサートに行く「約束」をしています。よく聞いて質問に答えなさい。

❖ 質問に答えなさい。

① 相手の都合を尋ねるとき、どのように言っていますか。

② 相手の意向を尋ねるとき、どのように言っていますか。

③ 相手の提案に同意するとき、どのように言っていますか。

④ 別れるとき、どのように言っていますか。

⑤ 2人は明日何時に会いますか。

◆話の状況と意味を意識し、学習した語彙と文法などを確認しながらテキストを読みましょう。

하나 : 영민 씨, 내일 시간 있어요? 영민 : 네, 있어요. 그런데 왜요? 하나 : 내일 BTS콘서트에 같이 갈래요? 영민 : 정말요? 저도 가고 싶었어요. 같이 가요. 하나 : 그럼, 내일 오전 10시, 여기에서 다시 만나요. 영민 : 네, 좋아요. 하나 : 그럼, 내일 봐요.

【-아요/어요/해요の
いろいろな用法】
해요. します。
해요? しますか。
해요. しましょう。
해요. しなさい。

ハナ	ヨンミンさん、明日時間ありますか。
ヨンミン	はい、あります。ところで、どうしてですか。
ハナ	明日 BTS コンサートに一緒に行きませんか。
ヨンミン	本当ですか。私も行きたかったんです。一緒に行きましょう。
ハナ	では、明日午前10時、ここでまた会いましょう。
ヨンミン	はい、いいです。
ハナ	では、明日会いましょう。

【2文字終声の発音】 子音字母が2つ並んでいる終声はどちらか一方を読みます。2文字終声の後ろに母音で始まる助詞・語尾などがつく場合は2つ目の子音子母を後ろの母音とつなげて発音します。

❖「ㄶ」：前の子音「ㄴ」を読みます。

● 괜찮아요[괜차나요] 大丈夫です － 괜찮고[괜찬코] ● 많아요[마나요] 多いです － 많고[만코]

❖「ㅀ」：前の子音「ㄹ」を読みます。

● 싫어요[시러요] いやです － 싫고[실코] ● 앓아요[아라요] やみます － 앓고[알코]

094

➡ **Task 1** 友達を各種イベント（コンサート・スポーツの試合・お祭り・映画祭など）に誘ってみましょう。

ペアで活動します。

①次の表を任意で完成します。

언제	어디에서	이벤트 イベント	약속 장소 約束場所
토요일	사쿠라돔	축구 시합 サッカー試合	학교 앞

②下のように友達をイベントに誘います。相手は提案に対して①～③の中から1つ選んで「同意」もしくは「断り」を表明します。

A : 토요일, 사쿠라돔에서 축구 시합이 있어요. **보러 갈래요?**

↓ ↓

B : (同意) B : (断り)

① 네, 좋아요. 같이 가요.　　　　　　　① 미안해요. 이번 주말은 좀 …

② 그래요. 같이 가요.　　　　　　　　② 미안해요. 이번 주말은 안 돼요.

③ 네, 좋아요. 저도 가고 싶었어요.　　　③ 미안해요. 이번 주말은 좀 바빠요.

↓ ↓

A : 그럼, 토요일 학교 앞에서 만나요.　　A : 그래요? 그럼, 다음에 같이 가요.

➡ **Task 2** 93ページの「-고 싶어요」を改めて練習します。次の状況で、友達が一番したがっていることはなんですか。調べてみましょう。

	나	친구1	친구2
① 1주간 수업이 없다.			
② 100만엔이 있다.			
③ 남자 친구/여자 친구가 있다.			
④ 생일/크리스마스이다.			

💬 **チェックしましょう**

❶友達の意向を尋ねたり、自分の希望、意見（同意・断り）を伝えたりできる。

❷「約束関連表現」「同意」や「断り」の際によく使われる韓国語表現を言ってみましょう。

❸「～ましょうか・ませんか」「～ましょう」「～たい」を表す韓国語を言ってみましょう。

UNIT 15 쇼핑
買い物

ファッション関連表現を理解し、店で気に入った物を買うことができる。

今日のテーマは「買い物」です。

韓国の大学生が特別な日に、「彼・彼女からもらいたいプレゼント」を調査した結果です。
①と②は何でしょうか。⇒ p.99

(2014, 삼성화재)

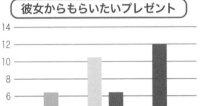

| 彼女からもらいたいプレゼント | 彼からもらいたいプレゼント |

向수 香水
지갑 財布
시계 時計
반지 指輪
화장품 化粧品
목걸이 ネックレス
꽃 花
편지 手紙

1 「ファッション」関連表現

옷 服	티셔츠 Tシャツ	구두 靴
치마 スカート	양말 靴下	모자 帽子
바지 ズボン	신발 履き物	안경 メガネ

2 「買い物・ファッション」関連表現

(옷을) 사다 買う

(옷/치마/바지를) 입다 着る

(옷/신발을) 벗다 脱ぐ

(신발/양말을) 신다 履く

귀엽다 可愛い

멋있다[머싣따] かっこいい

(모자/안경을) 쓰다 かぶる・掛ける

유행하다 流行っている

싸다 安い/비싸다 高い

(사이즈가) 크다 大きい/작다 小さい

(디자인이) 예쁘다 綺麗だ

> 쓰다 → 써요.
> 크다 → 커요.
> 예쁘다
> → 예뻐요.

3 「色」

| 흰색 白 | 파란색 青 | 녹색 緑 |
| 검은색 黒 | 노란색 黄 | 빨간색 赤 |

4 【これ・それ・あれ／この・その・あの】이것, 저것, 그것 / 이 N, 그 N, 저 N

- 이것은 가방이에요 . これはかばんです。　　● 저것은 좀 비싸요 . あれはちょっと高いです。
- 이 가방은 제 거예요 . このかばんは私のです。　　● 저 옷은 좀 비싸요 . あの服はちょっと高いです。

❶教室にある物や、友達が持っている物について尋ね合いましょう。

例 :（自分の近くにあるかばんを指しながら）

Q₁ : 이거 뭐예요?

① 가방
② 바지
③ 책
④ ?

例 :（友達の近くにあるかばんを指しながら）

Q₂ : 그거 뭐예요?

【短縮形】
이것은 – 이건
그것은 – 그건
저것은 – 저건
이것이 – 이게 – 이거
그것이 – 그게 – 그거
저것이 – 저게 – 저거
이것을 – 이걸 – 이거
그것을 – 그걸 – 그거
저것을 – 저걸 – 저거

❷〈4-1〉の「이거/그거/저거」を「이/그/저 + N」に変えて練習してみましょう。

Q₁ : 이/그/저 ① 가방 **누구 거예요?**　　A : ① 제 　　 **거예요.**
② 바지 　　　　　　　　② 우리 엄마
③ 책 　　　　　　　　　③ 영민 씨
④ ? 　　　　　　　　　④ ?

5 【いくらですか】얼마예요?

10원	50원	100원	500원	1000원	5000원	10,000원	50,000원
십원	오십원	백원	오백원	천원	오천원	만원	오만원

❶教室にある物や、友達が持っている物について尋ね合いましょう。

Q₁ : 얼마예요?　　　　　　　**Q₂ :**（友達の服や品物を指しながら）**이 옷 얼마예요?**

① 120원　　　**이에요.**　　　　① 치마/바지
② 2,340원　　　　　　　　　　② 신발/구두
③ 5,670원　　　　　　　　　　③ 가방
④ 89,500원　　　　　　　　　④ ?

❷〈5-1〉のQ₁とQ₂を合わせて、今友達が着ている・持っている「服」や「品物」について尋ね合いましょう。

[보기]　　A :（友達の服を指しながら）**이 옷 얼마예요?**　　B : ○○○엔이에요.

ショップで店員と客が話しています。よく聞いて質問に答えなさい。

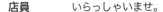

❖ よく聞いて、内容が一致するものには○、一致しないものには×を書きなさい。

① 여자는 옷을 사러 왔어요. (　　　)

② 여자는 흰색 티셔츠를 샀어요. (　　　)

③ 여자는 22,000원짜리 티셔츠를 샀어요. (　　　)

◆会話の状況と意味を意識し、学習した語彙と文法などを確認しながらテキストを読みましょう。

직원 : 어서 오세요.
하나 : 저, 티셔츠 좀 보여 주세요.
직원 : 음, 이 빨간색 티셔츠는 어떠세요?
하나 : 그건 얼마예요?
직원 : 22,000원이에요.
하나 : 음, 이건 얼마예요?
직원 : 그건 15,000원이에요.
하나 : 그래요? 그럼, 이거 주세요.
직원 : 네, 잠시만요.

店員	いらっしゃいませ。
ハナ	あの、Tシャツ見せてください。
店員	うん、この赤色のTシャツはいかがですか。
ハナ	それはいくらですか。
店員	22,000ウォンです。
ハナ	うん、これはいくらですか。
店員	それは15,000ウォンです。
ハナ	そうですか。じゃ、これください。
店員	はい、少々お待ちください。

【「것」とその短縮形】

「것」は、後ろに来る語尾・助詞と結合した短縮形が話し言葉では多用されます。「것은 → 건」、
「것을 → 걸 → 거」、「것이 → 게」などがよく使われます。

● 이 책은 내 것이에요. この本は私のです。 ＝ 이 책은 내 거[꺼]예요.

● 제 것은 이것이고 하나 씨 것은 저것이에요. 私のはこれでハナさんのはあれです。
　 ＝ 제 건 이거고 하나 씨 건 저거예요.

➡ **Task 1** 店で買い物をしてみましょう。

2つのグループ（4人1組）を作ります。1つのグループの学生は「靴屋」「帽子屋」「服屋」
「アクセサリー屋」の店員の役をします。他のグループの学生は客の役をします。

①店員役の学生はそれぞれ「服屋」「靴屋」「帽子屋」「アクセサリー屋」の中から1つ選びます
　　（グループ内で重複しないように）。

②それぞれの店で売る商品の「デザイン・色・値段など」を決め、下の欄にメモします。

③準備ができたら、客役の学生はいろいろな店を訪ね、店員とやり取りしながら買い物をします。

```
가게 이름:



```

④一連の活動が終わったら、グループの役割を交換してもう一度やってみましょう。

⑤何を買いましたか。それらはいくらですか。

➡ **Task 2** 特別な日（誕生日・クリスマス・バレンタインデーなど）に親友にもらいたい・
　　　　あげたいプレゼントについて調べてみましょう。

A : (생일/크리스마스/발렌타인데이) 선물로 뭘 받고/주고 싶어요?

B : ＿＿＿＿＿＿＿＿ 을/를 받고/주고 싶어요.

	받고 싶은 선물	주고 싶은 선물		받고 싶은 선물	주고 싶은 선물
나			친구2		
친구1			친구3		

①友達が一番もらいたいもの・あげたいものは何ですか。　　⇒ ① 시계, ② 목걸이

チェックしましょう

❶ファッション関連の表現を理解し、店で気に入った品物を買うことができる。

❷「服・アクセサリーなど」「買い物・ファッション関連動詞・形容詞」（「色」を含む）につ
　いて言ってみましょう。

❸「この・その・あの」「これ・それ・あれ」「いくらですか」「金額（数詞）」を表す韓国語
　を言ってみましょう。

1 'ㅂ'불규칙 (ㅂ不規則)

語幹が「ㅂパッチム」で終わる動詞や形容詞のうちの一部は、母音から始まる語尾と結合するとき、パッチムが「우」に変わる。

(現在) 어렵다: 어려 ＋ 우 ＋ 어요 → 어려워요.

(過去) 맵다: 매 ＋ 우 ＋ 었어요 → 매웠어요.

| 더워요. | 暑いです。 |

| 어제는 추웠어요. | 昨日は寒かったです。 |

| A : 김치, 안 매워요? | キムチ、辛くないですか。 |
| B : 네, 조금 매워요. | はい、ちょっと辛いです。 |

| A : 시험 어려웠어요? | 試験、難しかったですか。 |
| B : 네, 조금 어려웠어요. | はい、少し難しかったです。 |

2 V-(으)세요 (命令)

日本語の「～なさい・～してください」に当たり、丁寧な要求や命令をするときに用いる。

읽다: 읽 ＋ 으세요 → 읽으세요.

가다: 가 ＋ 세요 → 가세요.

| 커피 주세요. | コーヒーください。 |

| 여기에 앉으세요. | ここに座りなさい。 |

| 어서 오세요. | いらっしゃいませ。 |

| 12페이지를 읽으세요. | 12ページを読んでください。 |

| A : 사쿠라공원까지 어떻게 가요? | 桜公園までどうやって行きますか。 |
| B : 지하철을 타세요. | 地下鉄にお乗りください。 |

3 정도 부사 (程度副詞)

日本語で程度を表す「とても」、「～すぎる」、「あまり～ない」に対応する韓国語の表現としては、「매우/아주 A・V」、「너무 A・V」、「별로 안 A・V」がある。

| 이 영화, 아주 재미있어요. | この映画、とても面白いです。 |

| 시험이 너무 어려웠어요. | 試験が難しすぎました。 |

| A : 요즘 많이 바빠요? | 最近忙しいですか。 |
| B : 아니요, 별로 안 바빠요. | 最近、あまり忙しくないです。 |

| A : 많이 어려워요? | とても難しいですか。 |
| B : 아뇨, 별로 안 어려워요. | いいえ、あまり難しくないです。 |

4 V-(으)ㄹ래요?

❶日本語の「～ましょうか」に当たり、相手の意向を尋ねるときに使用する。返事は日本語の「(一緒に)～ましょう」に当たる勧誘形の「(같이) V-아요/어요/해요」や、「すみません (＋ その理由)」である「미안해요, (＋ その理由)」などを使う。

먹다: 먹 ＋ 을래요? → 먹을래요?

가다: 가 ＋ ㄹ래요? → 갈래요?

| A : 영화관에 갈래요? | 映画館に行きましょうか。 |
| B : 좋아요, 가요. | いいです、行きましょう。 |

| A : BTS 콘서트에 안 갈래요? | BTS コンサートに行きませんか。 |
| B : 네, 좋아요. 같이 가요. | はい、いいです。一緒に行きましょう。 |

| A : 쇼핑하러 갈래요? | 買い物に行きましょうか。 |

B : 미안해요. 다른 약속이 있어요.
　　すみません、別の約束があります。

❷同意の答えとしてよく使われる勧誘形の
「(같이) V–아요/어요/해요」については93ペー
ジの4番を参考すること。

5　V–고 싶다

日本語の「〜たい」に当たり、主語の希望を
表す。

主語が1・2人称の場合は「–고 싶다」を使い、
3人称の場合は日本語の「〜たがる」に当たる
「–고 싶어하다」を使う。

(現在) 먹 + 고 싶어요 → 먹고 싶어요

(過去) 가 + 고 싶었어요 → 가고 싶었어요

바지를 하나 사고 싶어요.
　　ズボンを1つ買いたいです。

저도 가고 싶었어요.　　　私も行きたかったです。

A : 뭘 먹고 싶어요?　　　何が食べたいですか。
B : 냉면을 먹고 싶어요.　　冷麺が食べたいです。

A : 주말에 뭐 할 거예요?
　　週末に何するつもりですか。
B : 피곤해요. 그래서 집에서 쉬고 싶어요.
　　疲れています。だから家で休みたいです。

6　이[그, 저] N, 이것[그것, 저것], 여기[거기, 저기]

❶日本語の「こ・そ・あ」は「이, 그, 저」、「こ
れ・それ・あれ」は「이것, 그것, 저것」、「ここ・
そこ・あそこ」は「여기, 거기, 저기」にそれぞ
れ当たる表現である。

	＋ 사람 人	＋ 가방 かばん
이 この	이 사람 この人	이 가방 このかばん
그 その	그 사람 その人	그 가방 そのかばん
저 あの	저 사람 あの人	저 가방 あのかばん

	＋ 것 もの・の	
이 この	이것 これ	여기 ここ
그 その	그것 それ	거기 そこ
저 あの	저것 あれ	저기 あそこ

이 가방은 제 가방이에요.
　　このかばんは私のかばんです。

이것은 제 거예요.　　　これは私のです。

여기에 앉으세요.　　　ここに座りなさい。

A : 이거 뭐예요?　　　これ何ですか。
B : 스마트폰이에요.　　　スマホです。

A : 이거, 누구 거예요?　　　これ誰のですか。
B : 제 거예요.　　　私のです。

❷短縮形については97ページの「이, 그, 저の
短縮形」と98ページの「것とその短縮形」も
参考。

7　얼마예요?

日本語の「いくらですか」に当たる表現であ
る。韓国の貨幣単位は「원(ウォン)」で、漢
数詞で読む。

10	50	100	500	1,000
십	오십	백	오백	천

5,000	10,000	50,000	100,000
오천	만	오만	십만

12,000원이에요.　　　12000ウォンです。

A : 이거 얼마예요?　　　これ、いくらですか。
B : 5,000원이에요.　　　5000ウォンです。

A : 이 가방, 얼마예요?
　　このかばん、いくらですか。
B : 35,000원이에요.　　　35000ウォンです。

1 次の表現を、韓国語は日本語に、日本語は韓国語に直しなさい。

	한국어 학습 / 韓国語学習	약속 / 約束	패션 / ファッション	쇼핑 / 買い物	기타 / その他
①	단어	약속하다	옷	선물	심심하다
②	文法	약속 시간	スカート	買う	疲れる
③	발음	약속 장소	바지	服を着る	배가 아프다
④	試験	約束がある	티셔츠	옷을 벗다	お腹が空いた
⑤	듣다	時間がない	양말	신발을 신다	授業がない
⑥	話す	한잔하다	履き物	모자를 쓰다	(선물을) 주다
⑦	읽다	大丈夫です	구두	安い	(선물) 받다
⑧	書く	좋아요.	帽子	비싸다	앉다
⑨	알다	いやです	안경	大きい	이야기하다
⑩	知らない	だめです	化粧品	작다	一生懸命に
⑪	やさしい	すみません	반지	예쁘다	これください
⑫	어렵다	죄송해요.	財布	可愛い	いくらですか
⑬	質問する	바빠요.	흰색	멋있다	いらっしゃいませ
⑭	대답하다	기다리다	黒		잠시만요.
⑮	同じ	시간이 있다	노란색		
⑯	違う		赤		
⑰	비슷하다		파란색		

2 下線と反対の意味を持つ表現を書きなさい。

① 바지를 입다 – 바지를 (　　　　　) 　② 모자를 쓰다 – 모자를 (　　　　　)

③ 양말을 신다 – 양말을 (　　　　　) 　④ (값이) 싸다 – (　　　　　)

⑤ (　　　　　) – 작다　⑥ 좋다 – (　　　　　)　⑦ (　　　　　) – 모르다

⑧ 쉽다 – (　　　　　)　⑨ 같다 – (　　　　　)　⑩ 춥다 – (　　　　　)

3 (　　) に入る適切なものを [보기] から選んで書きなさい。

[보기]
그리고
하지만
그래서
그런데

① 이 식당 음식은 맛있어요. (　　　　　) 조금 비싸요.

② 어제 공부를 했어요. (　　　　　) 친구도 만났어요.

③ 감기에 걸렸어요. (　　　　　) 학교에 안 왔어요.

④ A: 하나 씨, 지금 뭐 해요?　　B: 공부해요. (　　　　　) 왜요?

4 Q : 얼마예요?

① 50원　　　　　　② 780원　　　　　　③ 3,400원

④ 15,000원　　　　⑤ 26,970원　　　　⑥ 100,500원

5 次の表現を、韓国語は日本語に、日本語は韓国語に訳しなさい。

① 한국어 문법하고 일본어 문법은 비슷해요.　　② 그 사람, 잘 몰라요.

③ 오늘은 집에서 쉬고 싶어요.　　　　　　　　④ これ、私のです。

6 韓国語の「ㅂ不規則動詞・形容詞」は「고맙다有難う → 고마워요, 가깝다近い → 가까워요, 맵다辛い → 매워요, 어렵다難しい → 어려워요」のように活用します。「ㅂ不規則動詞・形容詞」の活用について説明しなさい。

7 次の質問に答えなさい。

① A : 한국어 어려워요?　　　　　　　　B : ＿＿＿＿＿＿＿＿＿＿＿＿＿.

② A : 주말에 같이 영화 볼래요?　　　　B : ＿＿＿＿＿＿＿＿＿＿＿＿＿.

③ A : 지금 뭐 하고 싶어요?　　　　　　B : ＿＿＿＿＿＿＿＿＿＿＿＿＿.

④ A : 한국 음식 매워요?　　　　　　　　B : ＿＿＿＿＿＿＿＿＿＿＿＿＿.

⑤ A : 내일 시간 있어요?　　　　　　　　B : ＿＿＿＿＿＿＿＿＿＿＿＿＿.

8 相談掲示板に乗っている悩みです。テキストを読んで質問に答えなさい。

(하나) 한국어로 더 많이 이야기하고 싶어요. 하지만 한국어를 잘 못해요. 그리고 친구 앞에서 한국어로 이야기하는 것이 부끄러워요. 어떻게 해요?

(준민) 내일 여자 친구 생일이에요. 선물을 사고 싶어요. 무슨 선물이 좋아요? 가격은요? 디자인은요? 그리고 색깔은요? 도와 주세요~.

(미나) 한국 친구가 저를 집에 초대했어요. 그날은 다른 약속이 있어요. 거절하고 싶어요. 하지만 한국 문화를 잘 몰라요. 어떻게 말해야 해요? 좀 가르쳐 주세요.

① 3人の悩みに対してそれぞれアドバイスしなさい。

② 皆さんの今の悩みは何ですか。

UNIT 16 계절과 날씨

季節と天気

季節と天気に関する表現を理解し、友達と話したり、尋ねたりできる。

今日のテーマは「季節と天気」です。

「今週のソウルの天気」です。どんな季節でしょうか。日本はどうですか。

어제	오늘	내일	모레
☀ 3℃	☁ 4℃	☀ 2℃	☔ −1℃
바람風: 강하다強い	바람: 강하다	바람: 약하다弱い	바람: 약하다
습도湿度: 42%	습도: 62%	습도: 57%	습도: 82%

1 「季節」

봄 春　　　　여름 夏　　　　가을 秋　　　　겨울 冬

2 「天気」

(날씨가) 좋다いい/나쁘다悪い

기온気温이 높다高い/낮다低い

춥다 寒い

덥다 暑い

따뜻하다[따뜨타다] 暖かい

시원하다 涼しい

쌀쌀하다 肌寒い

맑다[막따] 晴れる

흐리다 曇る

비가 오다 雨が降る

눈이 오다 雪が降る

바람이 불다 風が吹く

3 「自然災害」など

장마 梅雨

태풍 台風

지진 地震

4 【〜て】A・V-고①

● 방이 싸고 예뻐요. 部屋が安くて綺麗です。

● 카페에서 커피도 마시고 공부도 해요. カフェでコーヒーも飲むし勉強もします。

❶ ［보기］のように、文を繋げましょう。そしてその文章の意味を言ってみましょう。

［보기］
사과가 **싸다** + 그리고 + 맛있다. = 사과가 **싸고** 맛있어요.
비도 **오다** + 그리고 + 바람도 불다. = 비도 **오고** 바람도 불어요.

① 옷이 싸다　　　　　　 + 그리고 + 예쁘다.
② 날씨가 맑다　　　　　 + 그리고 + 따뜻하다.
③ 춥다　　　　　　　　 + 그리고 + 바람이 많이 불다.
④ 음식이 맵다　　　　　 + 그리고 + 짜다.
⑤ 하나 씨는 키가 크다　 + 그리고 + 날씬하다.
⑥ 파티에 저도 가다　　　+ 그리고 + 동생도 가다.

5 【〜けど】A・V-지만

● 김치는 맵지만 맛있어요. キムチは辛いけど美味しいです。

● 한국어 공부는 어렵지만 재미있어요. 韓国語の勉強は難しいが楽しいです。

❶ ［보기］のように、文を繋げましょう。そしてその文章の意味を言ってみましょう。

［보기］
사과가 **맛있다** + 하지만 + 조금 비싸다. = 사과가 **맛있지만** 조금 비싸요.
비가 **오다** + 하지만 + 바람은 안 불다. = 비가 **오지만** 바람은 안 불어요.

① 저 식당은 싸다　　　　　　　 + 하지만 + 맛있다.
② 저는 김치를 좋아하다　　　　 + 하지만 + 동생은 안 좋아하다.
③ 여기는 비가 오다　　　　　　 + 하지만 + 저기는 안 오다.
④ 어제는 더웠다　　　　　　　 + 하지만 + 오늘은 안 덥다.
⑤ 작년에는 사과가 비쌌다　　　 + 하지만 + 올해는 싸다.
⑥ 중간 시험中間テストは 어려웠다 + 하지만 + 기말期末 시험은 쉽다.

UNIT
16

2人が自分の国の「季節と天気」について話しています。よく聞いて質問に答えなさい。

❖　よく聞いて、適切なものを1つ選びなさい。

① 봄은 (더워요 / 따뜻해요 / 추워요 / 쌀쌀해요).

② 여름은 (추워요 / 따뜻해요 / 더워요).

③ 가을은 (추워요 / 따뜻해요 / 쌀쌀해요 / 시원해요).

④ 겨울은 (추워요 / 더워요 / 따뜻해요 / 쌀쌀해요).

◆会話の状況と意味を意識し、学習した語彙と文法などを確認しながらテキストを読みましょう。

하나 : 영민 씨, 한국 날씨는 어때요?
영민 : 음, 봄은 따뜻하지만 바람이 많이 불어요.
하나 : 여름 날씨는 어때요?
영민 : 여름은 덥고 비가 많이 와요.
하나 : 가을 날씨는요?
영민 : 가을은 조금 쌀쌀해요.
하나 : 겨울은 많이 추워요?
영민 : 네, 춥고 눈도 많이 와요.

ハナ	ヨンミンさん、韓国の天気はどうですか。
ヨンミン	うん、春は暖かいけど風が強いです。
ハナ	夏の天気はどうですか。
ヨンミン	夏は暑くて雨がよく降ります。
ハナ	秋の天気は？
ヨンミン	秋は少し肌寒いです。
ハナ	冬は寒いですか。
ヨンミン	はい、寒くて雪もたくさん降ります。

【ㅎにより激音化】「ㅎ」の直後に「ㄱ, ㄷ, ㅂ, ㅈ」が来ると「ㅎ + ㄱ = ㅋ, ㅎ + ㄷ = ㅌ, ㅎ + ㅈ = ㅊ」となり、それぞれ対応する激音 / ㅋ, ㅌ, ㅍ, ㅊ / で発音します。

● 따뜻하다[따뜨타다] 暖かい − 따뜻해요[따뜨태요] 暖かいです

● 괜찮다[괜찬타] 大丈夫だ − 괜찮아요[괜차나요] 大丈夫です

Task 海外の友達から久しぶりに電話がかかってきました。［보기］のように友達の安否を尋ねた後、お互いの場所で天気について話したり、尋ねたりしましょう。

①ペアを組んで学生Ａ・学生Ｂに分かれて［보기］のように会話をしてみましょう。学生Ａは下図［학생A］、学生Ｂは下図［학생B］の天気情報が示されているいずれかの都市に住んでいるものとします。

［보기］

A : 여보세요. ○○ 씨예요? 저 ○○예요.
B : 아~, ○○ 씨. 잘 지내세요?
A : 네, 잘 지내요. <u>도쿄</u>는 지금 <u>비가 와요</u>. <u>런던</u>은 날씨가 어때요?
B : 여기는 <u>날씨가 좋아요</u>. <u>아주 맑아요</u>.

［학생A］

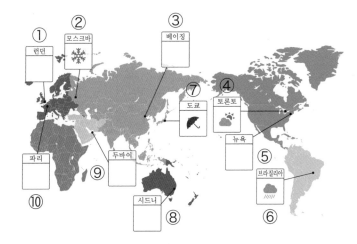

［학생B］

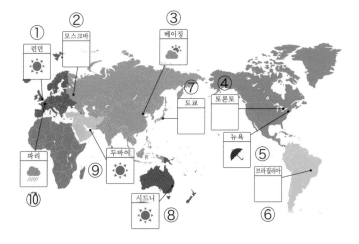

UNIT
16

チェックしましょう

❶季節と天気に関する表現を理解し、友達と話したり、尋ねたりできる。
❷「季節」「天気」「自然災害」を表す韓国語表現を言ってみましょう。
❸連結語尾の「〜て①」「〜が・けど」を表す韓国語を言ってみましょう。

몸과 건강

体と健康

身体の部位と病気の症状などについて説明することができる。

今日のテーマは「体と健康」です。

次のグラフは韓国人を対象に「健康な食習慣のために必要なこと」についてアンケート調査した結果です。皆さんは何が一番大事だと思いますか。 (2012, AIA생명보험)

매일 물을 많이 마셔요.	62%
야채와 과일을 많이 먹어요.	50%
술을 적게 마셔요.	38%
싱겁게 먹어요.	37%
인스턴트 식품을 안 먹어요.	27%
고기를 적게 먹어요.	9%

1 「身体部位」関連表現

머리 頭	입 口	가슴 胸	배 お腹
얼굴 顔	목 首・喉	팔 腕	다리 脚
눈 目	귀 耳	손 手	허리 腰
코 鼻	이 歯	발 足	

2 「病気」と「症状」関連表現

(배, 머리)이/가 아프다 （お腹・頭）～が痛い   열이 나다 熱が出る

감기에 걸리다 風邪をひく （現在の状態：감기에 걸렸어요.）   콧물[콘물]이 나다 鼻水が出る

기침을 하다 咳をする   스트레스가 많다 ストレスが多い

3 「治療」関連表現

병원 病院	의사 医者	간호사 看護師	푹 쉬다 よく休む
약국 薬局	약사 薬剤師	약을 먹다 薬を飲む	

4 【お〜】A・V-(으)시 + -어요 = A・V-(으)세요

A : 어디 가세요? どこ行かれますか。 　　A : 누구세요? どちら様ですか。

B : 학교 가요. 学校行きます。 　　　　B : 저예요. 私です。

A : 하나 씨, 선생님 어디 계세요? ハナさん、先生どこにいらっしゃいますか。

B : 교실에 계세요. 教室にいらっしゃいます。

A : 교실에서 뭐 하세요? 教室で何をなさっていますか。

B : 책을 읽으세요. 本を読まれています。

> 【尊敬の意味を表す別の動詞】
> 있다 – 계시다
> 먹다 – 드시다
> 자다 – 주무시다
> 말하다 – 말씀하시다

●命令形

●커피 주세요. コーヒーください。 　　●여기에 앉으세요. ここにお掛けください。

●많이 드세요. たくさん召し上がってください。 ●안녕히 주무세요. お休みなさい。

❶文章の意味を考えながら質問に答えてみましょう。それから、友達と尋ね合いましょう。

○○ 씨,

① 학생이세요?
② 어디에 사세요[살다]?
③ 몇 시에 일어나세요?
④ 학교에 어떻게 오세요?
⑤ 오늘 뭐 하세요?

⑥ 한국 친구 있으세요?
⑦ 한국 음식 좋아하세요?
⑧ 요즘 많이 바쁘세요?
⑨ 내일 시간 있으세요?
⑩ 보통 몇 시에 주무세요?

5 【どこが具合悪いですか】어디가 아프세요?

❶1人で練習してから、身体部位を指先で指しながら [보기]のように友達と話してみましょう。

[보기]
A : 어디가 아프세요? どこが具合悪いですか。
B : 머리가 아파요. 頭が痛いです。

보기　머리

① ② ③ ④ ⑤ ⑥ ⑦

track 41

2人が病気の「症状」について話しています。よく聞いて質問に答えなさい。

1. ここはどこですか。

2. よく聞いて、女の人の「症状」をすべて選びなさい。
   ① 머리가 아파요. (　　　)
   ② 기침이 나요. (　　　)
   ③ 열이 나요. (　　　)

3. よく聞いて、（　　）に入る適切な語を書きなさい。
   요즘 (①　　　　　)이/가 유행이에요. 이 약 드시고 집에서 (②　　　　　) 쉬세요.

◆会話の状況と意味を意識し、学習した語彙と文法などを確認しながらテキストを読みましょう。

의사 : 여기 앉으세요. 어디가 아프세요?	
하나 : 머리도 아프고 기침도 심해요.	심하다 ひどい
의사 : 열도 나요?	열이 나다 熱が出る
하나 : 네, 열도 많이 나요.	유행이다 流行っている
의사 : 감기예요. 요즘 감기가 유행이에요.	드시다 召し上がる
이 약 드시고 집에서 푹 쉬세요.	푹 쉬다 よく休む

医者　　　ここにお掛けください。どこが痛みますか。
ハナ　　　頭も痛いし、咳もひどいです。
医者　　　熱もありますか。
ハナ　　　はい、熱も高いです。
医者　　　風邪ですね。最近風邪がはやっています。
　　　　　この薬をお飲みになって家でよく休んでください。

【鼻音化】「코 + ㅅ + 물」の「ㅅ」のように、「ㅅ」の後ろに「ㄴ, ㅁ」が来る場合、「ㅅ」が / ㄴ / で発音されます。

● 콧물[콘물] 鼻水　　　　　　　● 아랫니[아랜니] 下の歯

【2文字終声の発音】

❖「ㄵ」:「ㄵ」は前の子音「ㄴ」を読みます。

● 앉다[안따] 座る – 앉아요[안자요] 座ります – 앉으세요[안즈세요] 座りなさい

Task 1 病院に行って健康アンケートに答えてみましょう。

ロールプレイです。ペアで活動します。

①1人は医者役、もう1人は健康診断のために病院を訪れた患者役です。

②まず、表の中の表現を尊敬語に変えてみましょう。

③医者役の学生は下の表を見て患者の健康状態をチェックします（必ず尊敬表現を使ってください）。それから健康診断の結果に基づいて患者さんに適切なアドバイスをします（命令形を使ってください）。

	나	환자
① 무슨 일 하다 どんな仕事している		
② 잠을 잘 자다 よく寝ている		
③ 몇 시간쯤 자다 何時間位寝る		
④ 매일 아침을 먹다 毎日朝食をとる		
⑤ 야채를 자주 먹다 野菜をよく食べる		
⑥ 휴일에는 뭐 하다 休日には何する		
⑦ 자주 운동하다 よく運動する		
⑧ 술을 자주 마시다 酒をよく飲む		
⑨ 스트레스가 많다 ストレスが多い		

Task 2 医者に自分の症状を説明しましょう。

ロールプレイです。

①ここは病院です。1人は医者役、もう1人は患者役です。

②医者は患者の症状を尋ね、患者は自分の症状を医者に説明します（本文の会話を参考にして構いません）。

UNIT
17

チェックしましょう

❶身体の部位と病気の症状などについて説明することができる。

❷「身体部位の名称」「病気と症状」「治療」などに関する韓国語表現を言ってみましょう。

❸韓国語の「尊敬表現」の「種類」や「作り方」について説明してみましょう。

UNIT 18 연애와 결혼

恋愛と結婚

自分自身や好きな人の性格や外見、結婚観について友達に話したり、尋ねたりできる。

今日のテーマは「恋愛と結婚」です。

「韓国人の結婚（20 ～ 30代）」に関する統計資料です。この結果についてどう思いますか。

(2014, 통계청; 2016, 「2016대한민국트렌드(최인수 외, 한국경제신문사)」)

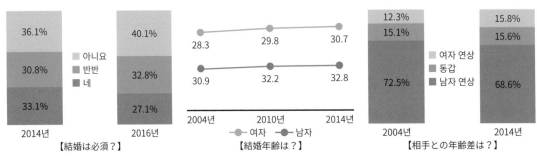

아니요		**여자 연상**
반반		**동갑**
네		**남자 연상**

2014년 36.1% / 30.8% / 33.1%　2016년 40.1% / 32.8% / 27.1%　【結婚は必須？】

2004년 28.3 / 2010년 29.8 / 2014년 30.7　30.9 / 32.2 / 32.8　여자 남자　【結婚年齢は？】

2004년 12.3% / 15.1% / 72.5%　2014년 15.8% / 15.6% / 68.6%　【相手との年齢差は？】

1 「人生」・「出会い」 関連表現

만나다　出会う	헤어지다　別れる
사귀다　付き合う	결혼하다　結婚する
사랑하다　愛する	이혼하다　離婚する
데이트하다　デートする	혼자 살다　1人暮らしする
싸우다　けんかする	죽다　死ぬ

2 「性格」 関連表現

좋다　いい	착하다[차카다]　善良だ	재미있다　面白い
나쁘다　悪い	친절하다　親切だ	마음이 넓다[널따]　心が広い

3 「外見」 関連表現

예쁘다　綺麗だ	잘생기다　ハンサムだ（現在の状態）잘생겼어요.
귀엽다　可愛い	뚱뚱하다　太ってる
섹시하다　セクシーだ	날씬하다　スリムだ
멋있다　カッコいい	머리가 길다/짧다[짤따]　髪の毛が長い・短い
키가 크다/작다　背が高い・低い	

112

4 　【連体形（形容詞・現在）】A-(으)ㄴ N

● 저는 <u>착한 사람</u>이 좋아요.　私は<u>善良な人</u>が好きです。

● <u>추운 날씨</u>는 싫어요.　<u>寒い天気</u>は嫌いです。

● <u>마음이 넓은 사람</u>을 만나고 싶어요.　<u>心が広い人</u>に会いたいです。

● 요즘은 <u>짧은 치마</u>가 유행이에요.　最近は<u>短いスカート</u>がはやっています。

❶皆さんはどうですか。

① 저는 (착하다 / 나쁘다) 사람이 좋아요.

② 저는 (섹시하다 / 귀엽다) 사람을 좋아해요.

③ 저는 취미가 (같다 / 다르다) 사람이 좋아요.

④ 저는 (날씬하다 / 통통하다) 사람을 좋아해요.

⑤ 저는 저랑 성격이 (비슷하다 / 다르다) 사람이 좋아요.

⑥ 저는 (춥다 / 덥다 / 따뜻하다 / 쌀쌀하다) 날씨를 좋아해요.

5 　【連体形（動詞・現在）】V-는 N

● <u>사귀는 사람</u>이요? 아직 없어요.　<u>付き合っている人</u>ですか。まだいません。

● 이거 요즘 <u>유행하는 옷</u>이에요.　これ、<u>最近はやっている服</u>です。

❶皆さんはどうですか。1人で練習してから友達に尋ねあいましょう。

① 요즘 자주 (듣다) 노래 있어요?

② 자주 (보다) 드라마 있어요?

③ (좋아하다) 사람 있어요?

④ 지금 (사귀다) 사람 있어요?

⑤ 자주 (먹다) 한국 음식 있어요?

⑥ 한국에 (알다) 사람 있어요?

⑦ 내가 (좋아하다) 사람이 좋아요, 나를 (좋아하다) 사람이 좋아요?

UNIT 18

6 　【「있다/없다」形容詞の連体形・現在】-있/없- ＋ 는 N

● 저기 <u>있는 책</u>, 누구 거예요?　あそこに<u>ある本</u>、誰のですか。

● <u>멋있는 남자</u> 친구가 있어요.　<u>カッコいい彼氏</u>がいます。

● 오늘은 <u>맛있는 음식</u>을 먹고 싶어요.　今日は<u>美味しい料理</u>が食べたいです。

● 이거 요즘 <u>인기 있는 노래</u>예요.　これ、<u>最近人気がある歌</u>です。

2人が「好きな人のタイプ」について話しています。よく聞いて質問に答えなさい。

❖ 聞いた内容と一致するものには○を、一致しないものには×を書きなさい。

① 남자는 사귀는 사람이 없어요. (　　　)

② 남자는 착한 사람을 좋아해요. (　　　)

③ 여자는 키가 큰 사람을 좋아해요. (　　　)

④ 여자는 뚱뚱한 사람을 좋아해요. (　　　)

◆会話の状況と意味を意識し、学習した語彙と文法などを確認しながらテキストを読みましょう。

하나 : 영민 씨, 사귀는 사람 있어요?
영민 : 아뇨, 아직 없어요.
하나 : 그래요? 영민 씨는 어떤 타입이 좋아요?
영민 : 음, 전 착한 사람이 좋아요. 하나 씨는요?
하나 : 글쎄요. 음, 저는 키가 크고 통통한 사람이 좋아요.
영민 : 아니, 성격요.

아직　まだ
타입　タイプ
성격　性格
통통하다
　ぽっちゃりしている

ハナ	ヨンミンさん、付き合っている人、いますか。
ヨンミン	いいえ、まだいません。
ハナ	そうですか。ヨンミンさんはどんなタイプが好きですか。
ヨンミン	うん、私は善良な人が好きです。 ハナさんは？
ハナ	そうですね。うん、私は背が高くてぽっちゃりした人が好きです。
ヨンミン	そうじゃなくて、性格です。

【激音化】

● 착하다[차카다] 優しい – 착한[차칸]

【2文字終声の発音】

❖「ㄼ」：前の子音「ㄹ」を読みます。

● 넓다[널따] 広い – 넓어요[널버요] 広いです

● 짧다[짤따] 短い – 짧아요[짤바요] 短いです

➡️ Task 結婚に関するアンケート調査を行い、その結果を発表しましょう。

결혼 아케트 조사

1. **결혼하고 싶어요?**

   ❶ 네, 결혼하고 싶어요.　　　　　　　　❷ 아니요, 결혼 안 하고 싶어요.

2. **왜요?**

   ❶을 선택한 사람　❶を選択した人

   a. 좋아하는 사람과 같이 있고 싶어요. 好きな人と一緒にいたいです。

   b. 가족을 만들고 싶어요. 家族を作りたいです。

   c. 혼자는 외롭고 심심해요. 1人は寂しいし、つまらないです。

   d. 그 외 その他 (　　　　　　　　　　　　　　).

   ❷를 선택한 사람　❷を選択した人

   a. 혼자가 편해요. 1人が楽です。

   b. 생활이 힘들어요. 生活が大変です。

   c. 회사일도 하고 집안일도 해요. 너무 바빠요. 会社の仕事もするし、家事もします。忙しすぎます。

   d. 그 외 その他 (　　　　　　　　　　　　　　).

   > 같이 一緒に
   > 외롭다 寂しい
   > 심심하다 退屈だ
   > 만들다 作る
   > 편하다 楽だ
   > 힘들다 大変だ

[❶을 선택한 사람　❶を選択した人]

3. **몇 살쯤에 결혼하고 싶어요?** 何歳位で結婚したいですか。

4. **결혼할 때 뭐가 가장 중요해요?** 結婚するとき、何が一番大切ですか。(複数回答可)

   ① 나이 年齢　　　② 성격 性格　　　③ 취미 趣味　　　④ 얼굴 顔

   ⑤ 학력 学歴　　　⑥ 직업 職業　　　⑦ 건강 健康　　　⑧ 돈 お金

結果

1. ❶ _____명(　　%)　　　❷ _____명(　　%)

2. ❶ a : _____명 / b : _____명 / c : _____명 / d : _____명

   ❷ a : _____명 / b : _____명 / c : _____명 / d : _____명

3. 평균 _____살

4. 1위 : _____　　2위 : _____　　3위 : _____　　4위 : _____

チェックしましょう

❶自分自身や好きな人の性格や外見、結婚観について友達に話したり、尋ねたりできる。

❷「人生と出会い」「性格」「外見」を表す韓国語表現を言ってみましょう。

❸韓国語「連体形（現在形）の作り方（「動詞」「形容詞」「있다/없다形容詞」）」を説明してみましょう。

1 A・V-고

日本語の「〜て」に当たり、2つ以上の事実を対等に羅列する。

살다 → 살 ＋ -고

마시다 → 마시 ＋ -고

여름은 덥고 비가 많이 와요.
　夏は暑くて雨がたくさん降ります。

형은 서울에 살고 저는 부산에 살아요.
　兄はソウルに住んでいて、私は釜山に住んでいます。

A : 방 어때요?　　　　部屋どうですか。
B : 넓고 깨끗해요.　　広くて綺麗です。

A : 어제 뭐 했어요?　　昨日何しましたか。
B : 카페에서 커피도 마시고 공부도 했어요.
　カフェでコーヒーも飲んだし勉強もしました。

2 A・V-지만

日本語の「〜が・けど」に当たり、対立する2つの事実を結びつけるときに使う。

비싸다 → 비싸 ＋ -지만

추웠다 → 추웠 ＋ -지만

이 식당은 비싸지만 맛있어요.
　この食堂は高いけど美味しいです。

어제는 추웠지만 오늘은 따뜻해요.
　昨日は寒かったが、今日は暖かいです。

A : 한국어 어려워요?　　韓国語難しいですか。
B : 음, 어렵지만 재미있어요.
　うん、難しいけど面白いです。

A : 떡볶이 안 매워요?
　トッポッキ辛くないですか。
B : 맵지만 맛있어요.　辛いけど美味しいです。

3 A・V-(으)세요

❶主語を（尊敬して）持ち上げる語尾「-(으)

시-」と「〜です・ます」の「-어요」が結合した形態である。

친절하다: 친절하 ＋ -세요 → 친절하세요.

읽다: 읽 ＋ -으세요 → 읽으세요.

김 선생님은 친절하세요.　金先生は親切です。

선생님은 지금 책을 읽으세요.
　先生は今本を読まれています。

A : 선생님, 어디 가세요?
　先生、どこ行かれますか。
B : 집에 가요.　　　　家に帰ります。

❷一部の動詞の場合は尊敬の意味を表す別の動詞がある。

먹다 食べる → 드시다 → (많이) 드세요.

자다 寝る → 주무시다 → (안녕히) 주무세요.

있다 いる → 계시다 → (안녕히) 계세요.

말하다 言う → 말씀하시다 → 말씀하세요.

안녕히 주무세요.　　　おやすみなさい。

A : 많이 드세요.
　たくさん召し上がってください。
B : 잘 먹겠습니다.　　いただきます。

❸命令表現と形が同一だが、文脈で判断する。

4 A-(으)ㄴN

❶韓国語形容詞の連体形（名詞の前にあって、その名詞を修飾する）の現在形語尾である。

따뜻하다: 따뜻하 ＋ -ㄴ N → 따뜻한 날씨

좋다: 좋 ＋ -은 N → 좋은 사람

예쁜 가방을 사고 싶어요.
　可愛いかばんが買いたいです。

하나 씨는 좋은 친구예요.
ハナさんはいい友達です。

저는 매운 음식도 좋아해요.
私は辛い食べ物も好きです。

A : 무슨 색 좋아해요?　何の色が好きですか。
B : 밝은 색 좋아해요.　明るい色が好きです。

❷ 「있다-없다」形容詞（例：있다-없다, 맛있다-맛없다, 재미있다-재미없다）の場合は「-(으)ㄴN」ではなく、「-는」をつける。

인기 있 ＋ -는 → 인기 있는 영화 人気ある映画
재미있 ＋ -는 → 재미있는 사람 面白い人

저기에 있는 책, 누구 거예요?
あそこにある本、誰のですか。

맛있는 음식을 먹고 싶어요.
美味しい料理が食べたいです。

A : 저기 있는 사람, 누구예요?
あそこにいる人、誰ですか。
B : 제 친구예요.　　　　　　私の友達です。

A : 어떤 사람이 좋아요?
どんな人が好きですか。
B : 멋있는 사람이 좋아요.
カッコいい人が好きです。

5　V-는 N

韓国語動詞の連体形（名詞の前にあって、その名詞を修飾する）の現在形語尾である。

(지금) 하다: 하 ＋ -는 N → (지금) 하는 일
(지금) 먹다: 먹 ＋ -는 N → (지금) 먹는 음식

요즘 한국어를 배우는 사람이 많아요.
最近、韓国語を学ぶ人が多いです。

이건 제가 제일 좋아하는 음식이에요.
これは私が一番好きな食べ物です。

지금 읽는 책이요? 요즘 인기 있는 소설이에요.
今読んでいる本ですか。最近人気が高い小説です。

A : 요즘 만나는 사람 없어요?
最近、会っている人いませんか。
B : 아니요, 없어요.　　　　いいえ、いません。

6　V-아요/어요/해요 (提案)

❶日本語の「〜ましょう」に当たる。カジュアルな状況で、共に行動することを提案するときに使う。

❷「〜です・ます体」、および命令表現と同じ形態であるが、文脈で判断する。

❸副詞「같이/함께—一緒に」と共によく使われる。

・하다動詞
(같이) 산책하다: 산책 ＋ -해요 → 산책해요

・語幹末の母音が「ㅏ, ㅗ」
(같이) 가다: 가 ＋ -아요 → 가요

보다: 보 ＋ -아요 → 봐요

・語幹末の母音が「하다」・「ㅏ, ㅗ」以外
(같이) 밥 먹다: 먹 ＋ -어요 → 먹어요

마시다: 마시 ＋ -어요 → 마셔요

같이 가요.　　　　　　　一緒に行きましょう。

같이 먹어요.　　　　　　一緒に食べましょう。

A : 영화 보러 가요.　映画観に行きましょう。
B : 네, 가요.　　　　はい、行きましょう。

A : 오늘 같이 우리집에 가요.
今日、一緒に私の家に行きましょう。
B : 네, 좋아요.　　　　　　はい、いいです。

A : 같이 사진 찍을래요?
一緒に写真撮りましょうか。
B : 그래요. 같이 찍어요.
そうしましょう。一緒に撮りましょう。

1 次の表現を、韓国語は日本語に、日本語は韓国語に直しなさい。

	계절과 날씨 季節と天気	몸 体	병과 증상 病気と症状	인생과 만남 人生と出会い	성격과 외모 性格と外見
①	春	머리	건강	만나다	예쁘다
②	여름	顔	お腹が痛い	데이트하다	可愛い
③	가을	눈	감기에 걸리다	사랑하다	섹시하다
④	冬	코	熱がある	付き合う	잘생기다
⑤	장마	口	기침을 하다	けんかする	背が高い
⑥	台風	귀	콧물이 나다	別れる	착하다
⑦	地震	목	病院	결혼하다	친절하다
⑧	춥다	歯	薬局	죽다	面白い
⑨	暑い	가슴	약사	혼자 살다	いい・よい
⑩	따뜻하다	팔	医者	외롭다	悪い
⑪	맑다	足	薬を飲む	심심하다	마음이 넓다
⑫	曇る	お腹	푹 쉬다	편하다	머리가 길다
⑬	비가 오다	허리	싱겁다		머리가 짧다
⑭	雪が降る		유행이다		
⑮	바람이 불다		적다		

2 次の表現の反対語を書きなさい。

① 더워요. – (　　　　　　)　　　② (날씨가) 흐려요. – (　　　　　　)

③ 키가 커요. – (　　　　　)　　　④ 머리가 길어요. – (　　　　　)

3 (　　) に入る適切な表現を書きなさい。

① 바람이 (　　　　　)　　② 비가 (　　　　　).　　③ 머리에 열이 (　　　　　).

④ 감기에 (　　　　　).　　⑤ 약을 (　　　　　).　　⑥ 기침이 (　　　　　).

⑦ 키가 (　　　　　).

4 次の表現を、韓国語は日本語に、日本語は韓国語に訳しなさい。

① こんにちは。　　　　　　　　　② おやすみなさい。

③ たくさん召し上がってください。　④ どこへ行かれますか。

⑤ 한국어는 어렵지만 재미있어요.　⑥ 여름에는 비도 많이 오고 바람도 많이 불어요.

5 ( ) に入る適切な助詞を書きなさい。

① 어제 남자 친구( ) 헤어졌어요. ② 외국 사람( ) 사귀고 있어요.

③ 친구( ) 싸웠어요. ④ 감기( ) 걸렸어요.

6 2つの文を繋げなさい。

① 올해는 사과가 싸다 + 맛있어요: _____.

② 어제는 날씨가 추웠다 + 오늘은 따뜻해요: _____.

③ 하나 씨는 키도 크다 + 얼굴도 예뻐요: _____.

7 下線部分が正しくないものを1つ選んで書き直しなさい。

① 어제 백화점에서 <u>예쁜</u> 가방을 하나 샀어요. ② 오늘은 맵고 <u>맛있은</u> 음식을 먹고 싶어요.

③ 저는 마음이 <u>넓은</u> 사람이 좋아요. ④ 저기, 책을 <u>읽는</u> 사람이 영민 씨예요.

8 次の質問に答えなさい。

① A : 오늘 날씨 어때요? B : _____.

② A : 학생이세요? B : _____.

③ A : 오늘 저녁에 뭐 하세요? B : _____.

④ A : 좋아하는 사람 있으세요? B : _____.

⑤ A : 어떤 타입을 좋아하세요? B : _____.

9 「健康のためのアドバイス」を読んで、ミンソさんの生活習慣の中で何がよくないか選びましょう。

☞ 건강을 위한 어드바이스 ☜

• 매일 같은 시간에 자고, 같은 시간에 일어나세요.
• 식사도 늘 같은 시간에 하세요.
• 고기와 생선, 야채, 과일을 많이 드세요.
• 술은 조금만 드세요.
• 그리고 가벼운 운동을 자주 하세요.

① ( ) 매일 밤 12시에 자고, 아침 7시에 일어나요.

② ( ) 자주 고기를 먹어요. 생선도 좋아해요. 야채는 자주 안 먹어요.

③ ( ) 술은 별로 안 마셔요. 1주에 한 번 정도 마셔요.

④ ( ) 주말에 근처 공원에서 조깅을 해요.

을 위한 ～のための
같다 同じだ
조금만 少しだけ
가볍다 軽い

答　案

UNIT01

듣기 (p.26)

1. 이름, 김영민, 일본 사람, 사토 하나
2. ① 김영민　　　② 사토 하나
   ③ 한국　　　④ 일본

UNIT02

듣기 (p.30)

1. 학생, 회사원, 대학교
2. ① ✕　　　② ✕
   ③ ○　　　④ ✕

UNIT03

듣기 (p.34)

1. 형, 누나, 언니
2. ① ○　　　② ✕
   ③ ○　　　④ ✕

総合問題 1 (p.38〜39)

1. ① 안녕하세요.　　② 만나서 반가워요.
   ③ 안녕히 계세요/안녕히 가세요.

2.

	自己紹介	人	言語
①	나라	한국 사람	한국어
②	한국	일본 사람	일본어
③	일본	미국 사람	영어
④	미국	중국 사람	中国語
⑤	이름	イギリス人	ドイツ語
⑥	年齢	ドイツ人	
⑦	전공	친구	
⑧	취미	-씨	

	職業	職場	家族
①	학생	회사	아버지/아빠
②	선생	집	어머니/엄마
③	医者	학교	兄
④	主婦	病院	누나
⑤	公務員	市役所	妹・弟
⑥	会社員	銀行	오빠
⑦	歌手	大学	姉
⑧	警察		います

3.

1	① 하나	한 명	4	넷	⑤ 네 명
2	둘	④ 두 명	5	③ 다섯	다섯 명
3	② 셋	세 명			

4. ① 이　　　　② 는
   ③ 이　　　　④ 이, 도

5. ① 저는 학생이에요.
   ② 제 이름은 ○○예요.
   ③ 일본 사람이에요.
   ④ 저는 아버지, 어머니, 형/오빠, 누나/언니가
   　있어요.
   ⑤ 한국 친구는 없어요.
   ⑥ 저는 ○○대학교 학생이에요.

6. ① 제 이름은 ○○예요.
   ② 네, 일본 사람이에요.
   ③ 네, 학생이에요.
   ④ 네, 있어요/아니요, 없어요.
   ⑤ ○○명이에요.

7.

가족	직업	직장
아빠	선생님	한일대학교
엄마	주부	
언니	회사원	사쿠라전자
오빠	학생	한국대학교
나	학생	한국대학교

田中さん、こんにちは。私ミンソです。

私の家族写真です。

私の家族は5人です。

父、母、姉、そして兄が1人います。

妹はいません。

父は韓日大学の先生です。

母は主婦です。

姉は会社員です。桜電子に通っています。

兄は学生です。韓国大学に通っています。

私も韓国大学に通っています。経済学科1年生です。

UNIT04
듣기 (p.42)

1. 기숙사, 공원, 뒤
2. ① ✕   ② ✕
   ③ ✕   ④ ✕

UNIT05
듣기 (p.46)

1. ① 혼자
   ② 한 개
   ③ 책상, 의자, 침대, 에어컨, 컴퓨터
   ④ 위

UNIT06
문법 (p.49)

① 이월 칠일   ② 오월 이십사일

③ 유월 구일   ④ 팔월 이십육일

⑤ 시월 십일   ⑥ 십이월 이십일일

⑦ (생략)   ⑧ (생략)

듣기 (p.50)

① 11, 26   ② 5, 27

③ 파티

総合問題 2 (p.54〜55)

1.

	場所	部屋	教室・かばん
①	집	방	책
②	公園	ベッド	かばん
③	映画館	책상	사전
④	食堂	의자	교과서
⑤	パン屋	ソファ	お金
⑥	学校	컴퓨터	財布
⑦	教室	エアコン	カード
⑧	市内	冷蔵庫	
⑨	寮	テレビジョン	
⑩	図書館	猫	
⑪	デパート	사진	
⑫	郵便局	시계	
⑬	편의점	左	
⑭	화장실	右	
⑮	여기	근처	
⑯	거기	안	
⑰	저기	밖	

	行事	'하다'動詞	その他
①	생일	ゲームする	뭐
②	休み	쇼핑하다	언제
③	시험	공부하다	어디
④	お祭り	운동하다	누구
⑤	パーティー	デートする	혼자(서)

⑥	クリスマス	アルバイトする	一緒に
⑦	お正月	旅行する	あります
⑧	秋夕	好きだ	いません
⑨		宿題する	住んでいます
⑩			何個
⑪			何名
⑫			何月
⑬			何日
⑭			今日
⑮			今

2. ① 앞 ② 뒤
   ③ 옆(왼쪽) ④ 위
   ⑤ 밑(아래) ⑥ 안
   ⑦ 밖

3. ① 공팔공 일이삼사 오육칠팔
   ② 공일공 구팔칠육 오사삼이
   ③ 공칠공 사오육칠 팔구공일
   ④ 공공오이이 팔일 일공 구팔구공 육오사삼

4. ① 에 ② 에
   ③ 하고/이랑 ④ 어디예요

5. ① 공부해요 ② 운동해요
   ③ 쇼핑해요

6. ① 개 ② 명
   ③ 어디 ④ 어디
   ⑤ 뭐 ⑥ 언제(몇 월 며칠)

8. ① 7월 14일 ② 민서 씨 집
   ③ 사쿠라공원 근처(사쿠라공원 앞)
   ④ 아파트(사쿠라아파트 3층)
   ⑤ 혼자 살아요. ⑥ (참) 재미있어요.

今日は7月14日、土曜日です。ミンソさんの誕生日です。夕方にミンソさんの家で誕生日パーティーがあります。それで今私はミンソさんの家にいます。
ミンソさんの家は桜公園の近所にあります。公園の前、桜アパート3階です。
ミンソさんは独り暮らししています。ミンソさんの家族はソウルにいます。
部屋がとても可愛いです。部屋の中には机とベッド、ソファがあります。机の上にはコンピューターと本、時計、家族写真があります。猫もいます。猫はベッドの下にいます。
友達とパーティーします。とても楽しいです。

UNIT07
문법 (p.57)
① TV를 봐요. ② 도서관에 가요.
③ 숙제를 해요. ④ 친구를 만나요.
⑤ 아르바이트해요. ⑥ 친구하고 밥을 먹어요.

듣기 (p.58)
1. ① 7시 ② 6시 반
   ③ 8시 50분 ④ 12시

UNIT08
듣기 (p.62)
1. ① 책 읽는 것 ② 운동
   ③ 야구 ④ 잘 못해요.

UNIT09
듣기 (p.66)
①, ③, ④

総合問題 3 (p.70 〜 71)

1.

	一日	趣味	週末
①	일어나다	旅行する	시내에 가다
②	자다	登山する	쇼핑하다
③	トイレに行く	アニメ	데이트하다
④	朝食を食べる	축구를 하다	映画を観る
⑤	学校に来る	野球をする	昼寝をする
⑥	家に帰る	釣りする	働く
⑦	昼食を食べる	音楽を聞く	친구하고 놀다
⑧	顔を洗う	책을 읽다	밥을 먹다
⑨	コーヒーを飲む	運動する	집에서 놀다
⑩	저녁을 먹다	外国語を学ぶ	아르바이트를 하다
⑪	공부하다	写真を撮る	친구를 만나다
⑫	宿題をする	料理する	テレビを観る
⑬	シャワーする	水泳する	아무것도 안 하다
⑭	잘하다	運転する	아무 데도 안 가다
⑮	出来ない	歌をうたう	
⑯	よくできない		

	感情・感じ	時間・頻度
①	좋다	자주
②	大変だ	時々
③	심심하다	時間
④	재미있다	언제
⑤	面白くない	지금
⑥	美味しい	昨日
⑦	맛없다	오늘
⑧	疲れる	明日
⑨	好きだ	매일
⑩		주말
⑪		朝
⑫		昼
⑬		夕方
⑭		밤
⑮		보통

2. ① 화요일　　② 목요일
　　③ 토요일　　④ 주말

3. ① 세 시 오십구 분
　② 다섯 시 사십팔 분
　③ 일곱 시 삼십 분
　④ 열 시 십오 분
　⑤ 열한 시 이십육 분
　⑥ 열두 시 사십이 분

4. ① 마셔요　　② 찍었어요
　③ 읽었어요　　④ 봐요
　⑤ 먹어요

5. ① 를　　② 에서
　③ 에　　④ 에서
　⑤ 하고(랑)　　⑥ 를

6. ① 집에 가요/집에 갔어요.
　② 커피를 마셔요/커피를 마셨어요.
　③ 밥을 먹어요/밥을 먹었어요.
　④ 한국어를 배워요/한국어를 배웠어요.
　⑤ 아르바이트를 해요/아르바이트를 했어요.
　⑥ 맛있어요/맛있었어요.

7. ① 方向・目的地
　② 時間
　③ 位置

9. ① 민서-친구하고 이야기하는 것
　　준민-집에 있는 것
　　소미-쇼핑하는 것
　② 민서-시내에 갔어요. 참 재미있었어요.
　　준민-집에 있었어요. 참 좋았어요.
　　소미-백화점에 갔어요. 아주 힘들었어요.

> **민서** - 私は友達と話すことが好きです。先週
> 土曜日には市内に行きました。桜デパート前

で友達に会いました。一緒にご飯を食べました。コーヒーも飲みました。話もたくさんしました。とても楽しかったです。

준민 - 私は家にいることが好きです。土曜日にはどこにも行きませんでした。家にいただけです。家で映画を観ました。本も読みました。コーヒーも飲みました。本当に良かったです。

소미 - 私は買い物することが好きです。日曜日の朝、1人でデパートに行きました。デパートを見て回りました。Tシャツも1つ買いました。夕方に家に戻りました。とてもだいへんでした。

UNIT10

듣기 (p.74)

① ○　　　　　② ○
③ ×　　　　　④ ×
⑤ ○

UNIT11

듣기 (p.78)

① ○　　　　　② ×
③ ○　　　　　④ ×

UNIT12

듣기 (p.82)

① 버스, 20분　　　② 버스, 지하철, 50분

総合問題 4 (p.86～87)

1.

	食べ物・飲料	肉・魚	余暇活動
①	빵	牛肉	요리하다
②	のり巻き	鶏肉	掃除する
③	うどん	豚肉	구경하다

④	라면	刺身	집에서 쉬다
⑤	冷麺	배추	昼寝をする
⑥	トッポッキ	마늘	한국어를 배우다
⑦	プルゴギ	고추	旅行に行く
⑧	ビビンバ	長ネギ	写真を撮る
⑨	サムギョプサル	사과	ドラマを観る
⑩	물	ぶどう	산
⑪	술	복숭아	바다
⑫	牛乳	맛있다	온천
⑬	커피	まずい	
⑭	コーラ	塩辛い	
⑮	果物	맵다	
⑯	野菜		

	交通	交通手段の利用
①	버스	チケット
②	タクシー	버스를 타다
③	汽車	バスから降りる
④	자전거	地下鉄に乗り換える
⑤	지하철	家から遠い
⑥	新幹線	役に近い
⑦	電車	便利だ
⑧	飛行機	불편하다
⑨	걸어서	어떻게 가요?
⑩	역	얼마나 걸려요?
⑪	停留場	
⑫	공항	
⑬	ターミナル	

2.　① 지난주　　② 지난 주말
　　③ 다음 주말

3.　① 마셔요/마셨어요.
　　② 타요.
　　③ 안
　　④ 안

4.　① 을　　　　② 에서

③ 에서　　　④ 로

⑤ 까지　　　⑥ 로

5.　① 먹으러　　　② 공부하러

　　③ 옷 사러　　　④ 보러

6.　③

7.　① 어떻게　　　② 얼마나

　　③ 왜　　　　　④ 무슨

9.　① 놀러　　　　② 마셨어요

　　③ 먹으러　　　④ 맛있었어요

　　⑤ 잘거예요

ハンさん、こんにちは。

今私は済州道にいます。友達と遊びに来ました。済州道は島です。釜山から船で来ました。12時間がかかりました。

今日は朝早くハルラ山に行きました。山と海が本当に綺麗でした。でも大変でした。水もたくさん飲みました。

夕方にはご飯を食べに市場に行きました。のり巻きとトッポッキを食べました。ビールも飲みました。とても美味しかったです。

今ホテルです。とても疲れてます。だから明日はどこにも行かないつもりです。遅くまでぐっすり寝るつもりです。

ハナさん、今日はここまで。明日またメール書きます。お元気で。

ーミンソー

UNIT13

듣기 (p.90)

1. 어려워요, 비슷해요

2.　① 발음　　　　② 문법

UNIT14

듣기 (p.94)

① 내일 시간 있어요?

② 내일 BTS콘서트에 같이 갈래요?

③ 저도 가고 싶었어요. 같이 가요.

④ 내일 봐요.

⑤ 오전 10시

UNIT15

듣기 (p.98)

① ○　　　　　　　② ×

③ ×

総合問題5 (p.102～103)

1.

	韓国語学習	約束	ファッション
①	単語	約束する	服
②	文法	約束時間	치마
③	発音	約束場所	ズボン
④	시험	약속이 있다	Tシャツ
⑤	聞く	시간이 없다	靴下
⑥	말하다	一杯する	신발
⑦	読む	괜찮아요.	靴
⑧	쓰다	いいです	모자
⑨	知る	싫어요.	メガネ
⑩	모르다	안 돼요.	화장품
⑪	쉽다	미안해요.	指輪
⑫	難しい	すみません	지갑
⑬	질문하다	忙しいです	白色
⑭	答える	待つ	검은색
⑮	같다	時間がある	黄色
⑯	다르다		빨간색
⑰	似ている		青色

	買い物	その他
①	プレゼント	退屈だ
②	사다	피곤하다

③ 옷을 입다	お腹が痛い
④ 服を脱ぐ	배가 고프다
⑤ 靴をはく	수업이 없다
⑥ 帽子をかぶる	아이
⑦ 싸다	もらう
⑧ (値段が) 高い	座る
⑨ 크다	話す
⑩ 小さい	열심히
⑪ 綺麗だ	이거 주세요.
⑫ 귀엽다	얼마예요?
⑬ カッコいい	어서 오세요.
⑭	ちょっと待ってください

2. ① 벗다　　② 벗다
   ③ 벗다　　④ 비싸다
   ⑤ 크다　　⑥ 싫다/나쁘다
   ⑦ 알다　　⑧ 어렵다
   ⑨ 다르다　⑩ 덥다

3. ① 하지만　② 그리고
   ③ 그래서　④ 그런데

4. ① 오십 원
   ② 칠백팔십 원
   ③ 삼천사백 원
   ④ 만오천 원
   ⑤ 이만육천구백칠십 원
   ⑥ 십만오백 원

5. ① 韓国語文法と日本語文法は似ています。
   ② その人、良く知りません。
   ③ 今日は家で休みたいです。
   ④ 이거, 제 거예요.

6. (p.100- ①参照)

하나 - 韓国語でもっとたくさん話したいです。でも韓国語があまり上手ではありません。そして友達の前で韓国語で話すのが恥ずかしいです。どうしますか。

준민 - 明日彼女の誕生日です。プレゼントを買いたいです。どんなプレゼントがいいですか。値段は？ デザインは？ そして色は？ 助けてください。

미나 - 韓国人の友達が私を家に招待しました。その日は別の約束があります。断りたいです。でも韓国の文化がよく分かりません。どのように言うべきですか。教えてください。

UNIT16
듣기 (p.106)
① 따뜻해요　　② 더워요
③ 쌀쌀해요　　④ 추워요

UNIT17
듣기 (p.110)
1. 병원

2. ① ○　　　　② ○
   ③ ○

3. ① 감기　　② 푹

UNIT18
듣기 (p.114)
1. ① ○　　　　② ○
   ③ ○　　　　④ ○

総合問題 6 (p.118〜119)

1.

	季節と天気	体	病気と症状
①	봄	頭	健康
②	夏	얼굴	배가 아프다
③	秋	目	風邪をひく
④	겨울	鼻	熱が出る
⑤	梅雨	입	咳をする
⑥	태풍	耳	鼻水が出る
⑦	지진	首・喉	병원
⑧	寒い	이	약국
⑨	덥다	胸	薬剤師
⑩	暖かい	腕	의사
⑪	晴れる	다리	약을 먹다
⑫	흐리다	배	ぐっすり休む
⑬	雨が降る	腰	味が薄い
⑭	눈이 오다		流行だ
⑮	風が吹く		少ない

	人生と出会い	性格と外見
①	会う	綺麗だ
②	デートする	귀엽다
③	恋する	セクシーだ
④	사귀다	ハンサムだ
⑤	싸우다	키가 크다
⑥	헤어지다	善良だ
⑦	結婚する	親切だ
⑧	死ぬ	재미있다
⑨	1人で住む	좋다
⑩	寂しい	나쁘다
⑪	退屈だ	心が広い
⑫	楽だ	髪の毛が長い
⑬		髪の毛が短い

2. ① 추워요　　② 맑아요
　 ③ 작아요　　④ 짧아요

3. ① 불어요　　② 와요

③ 나요　　　④ 걸렸어요
⑤ 먹어요　　⑥ 심해요/나요
⑦ 커요

4. ① 안녕하세요.　　② 안녕히 주무세요.
　 ③ 많이 드세요.　　④ 어디 가세요?
　 ⑤ 韓国語は難しいが面白いです。
　 ⑥ 夏は雨もたくさん降るし風も強いです。

5. ① 랑/하고/와　　② 이랑/하고/과
　 ③ 랑/하고/와　　④ 에

6. ① 올해는 사과가 싸고 맛있어요.
　 ② 어제는 날씨가 추웠지만 오늘은 따뜻해요.
　 ③ 하나 씨는 키도 크고 얼굴도 예뻐요.

7. ② 맛있은 → 맛있는

9. ① ○　　　　② ×
　 ③ ○　　　　④ ○

> 健康のためのアドバイス
> ・毎日同じ時間に寝て、同じ時間に起きてください。
> ・食事も常に同じ時間にしてください。
> ・肉と魚、野菜、果物をたくさん召し上がってください。
> ・お酒はちょっとだけ召し上がってください。
> ・そして運動をよくしてください。

索引

page

JR		78, 91
K-POP		60, 63, 84
KTX	韓国高速電鉄	80, 85
PC방	インターネットカフェ	44

ㄱ

가게	店	99
가격	値段	103
가깝다	近い	80, 86, 89
가끔	時々	60, 63, 70
가다	行く	67, 71, 85
가방	かばん	45, 96
가수	歌手	28, 37, 93
가슴	胸	108
가을	秋	104, 106
가장	一番	75, 88, 115
가족	家族	32, 46, 55
간호사	看護師	108
갈비	カルビ	72
(으로) 갈아타다	(に) 乗り換える	80, 82, 86
감기	風邪	108, 110, 118
강하다	強い	104
같다	同じ	88, 102
같이	一緒に	46, 93, 100
개	個	37, 44
거기	そこ	40, 66
거절(하다)	断る	103
건강(하다)	健康だ	108, 115, 119
걷다	歩く	80, 85
(시간이) 걸리다	(時間が) かかる	81, 83, 85
(감기에) 걸리다	(風邪を) ひく	102, 108, 109
검은색	黒色	96

것	もの	61, 98, 101
게임(하다)	ゲーム（する）	48, 56, 60
겨울	冬	104, 106
결혼(하다)	結婚（する）	112, 115
경제학	経済学	31, 36, 39
경찰	警察	28
계시다	いらっしゃる（「いる」の敬語）	109, 116
계절	季節	104
고기	肉	71, 84
고맙다	有難い	89, 103
고양이	猫	40, 44, 54
고추	唐辛子	55, 172
(배가) 고프다	(お腹が) すいている	93
공	ゼロ	54
공무원	公務員	28, 29
공부(하다)	勉強（する）	48, 68, 84
공원	公園	42, 45, 55
공책	ノート	53
공항	空港	80
과일	果物	72, 108, 119
괜찮다	大丈夫だ	106
교수	教授	28
교실	教室	45, 52, 65
교통수단	交通手段	86
구	9	48, 52
구경(하다)	見物（する）	71, 76, 77
구두	靴	96, 97
구십	90	53
국적	国籍	24, 27, 31
귀	耳	108
귀엽다	可愛い	96, 112
그	その	77, 101

그거	それ	97, 98, 101
그것	それ	97, 98, 101
그날	その日	103
그래서	それで	55, 89, 101
그래요	そうです（か）	46, 78, 89
그런데	ところで	89, 94, 102
그럼	では	46, 58, 90
그리고	そして	39, 89, 102
극장	劇場・映画館	40, 65, 77
근처	近所	41, 45, 53
글쎄요	そうですね	114
금요일	金曜日	64, 66
기다리다	待つ	92
기말 시험	期末試験	105
기숙사	寮	40, 42
기온	気温	104
기차	汽車	83
기침(하다)	咳（する）	108, 110
길다	長い	112
김밥	のり巻き	72, 74, 87
김치	キムチ	72, 89, 105
깨끗하다	綺麗だ	116
꽃	花	96
(수업이) 끝나다	（授業が）終わる	88, 90

ㄴ

나	私	27
(열이) 나다	（熱が）出る	108
나라	国	31, 75
나물	ナムル	72
나쁘다	悪い	104, 112
나이	年齢	24, 36, 115
낚시	釣り	35, 60
날씨	天気	104, 113

날씬하다	スリムだ	105, 112
남동생	弟	32, 37
남자	男	32, 112
남자 친구	彼氏・男友達	45, 73, 113
남편	夫	32
낮다	低い	104
낮잠	昼寝	64, 76
(버스에서) 내리다	（バスから）降りる	80
내일	明日	56, 68
냉면	冷麺	72, 101
냉장고	冷蔵庫	44, 46
너무	とても・〜すぎる	87, 100
넓다	広い	58, 112
네 N	4 N	44, 52
네	はい	37, 44, 52
넷	4	37, 44, 52
년	年	28, 112
노란색	黄色	96
노래	歌	61, 113
노래방	カラオケ	44, 92
노트	ノート	88
녹색	緑色	96
녹차	緑茶	72
놀다	遊ぶ	64, 77, 87
높다	高い	104
누구	誰	36, 45, 52
누나	姉	32, 34, 36
눈	目	104
눈	雪	108
늦다	遅い・遅れる	85, 87

ㄷ

(학교에) 다니다	（学校に）通う	57, 68

다르다	違う	88
다리	足	108
다섯	5	44, 52
다시	また	87, 94
다음	次	95
다행(이다)	幸いだ・よい	90
단어	単語	88
닭고기	鶏肉	72, 73
대답(하다)	答える	88
대학	大学	68
대학교	大学	30, 36, 39
덥다	暑い	89, 100, 104
데이트(하다)	デート（する）	44, 68, 112
도서관	図書館	40, 57
도쿄	東京	41, 107
독서	読書	60, 62
독일	ドイツ	24, 26
돈	お金	33, 45, 115
돕다	手伝う	103
동갑	同い年	112
동경	東京	57, 81, 85
동생	妹・弟	33, 105
돼지고기	豚肉	72, 73
두 N	2 N	44, 52
둘	2つ	32, 37, 44
뒤	後ろ	40, 42
드라마	ドラマ	60, 84, 113
드시다	召し上がる	109, 110, 116
듣기	聞き取り	88, 91
듣다	聞く	60, 88
등산	登山	63, 93
디자인	デザイン	96, 103
디즈니	ディズニー	93
따뜻하다	暖かい	104, 106, 113
떡볶이	トッポッキ	72, 74, 87

| 뚱뚱하다 | 太っている | 112, 114 |

ㄹ

| 라면 | ラーメン | 72, 75, 93 |
| 런던 | ロンドン | 107 |

ㅁ

마늘	ニンニク	72
마시다	飲む	56, 64, 69
마음	心	112, 113
(길이) 막히다	（道が）混んでいる	92
만	万	101
만나다	会う	56, 68, 112
만들다	作る	115
만화	漫画	60
많다	多い	42, 74, 108
많이	多く	72, 90, 106
말(하다)	話す	88, 109, 116
말씀(하다)	お話	109, 116
말하기	スピーキング	88, 91
맑다	晴れる	104, 113
맛없다	まずい	64, 72, 84
맛있다	美味しい	64, 72
매우	とても	100
매일	毎日	56, 75, 119
맥주	ビール	87
맵다	辛い	72, 74, 100
머리	頭	108, 110
먹다	食べる	56, 72, 116
멀다	遠い	80
멋있다	カッコいい	96, 117
메일	メール	87
며칠	何日	48, 53

명	名	32, 37, 45
몇	何〜	45, 48, 53
모두	全て・みんな	37
모레	あさって	104
모르다	知らない	84, 88
모바일	モバイル	67
모자	帽子	96
목	首・喉	108
목걸이	ネックレス	96, 99
목요일	木曜日	64, 66
몸	体	108
못하다	出来ない	61, 69
무슨	何の	73, 84
문법	文法	88, 90
문화	文化	103
물	お水	72, 75
뭐	何	25, 36
미국	アメリカ	24, 93
미안(하다)	すまない	92, 93, 100
밑	下	44, 55

바나나	バナナ	72
바다	海	76, 87
바람	風	104, 106
바쁘다	忙しい	89, 92
바지	ズボン	96, 101
밖	外	44
반	半	58, 81
반갑다	うれしい	26, 89
반지	指輪	96
반찬	おかず	72
받다	もらう	99
발	足	108

발렌타인데이	バレンタインデー	99
발음	発音	88, 90
밝다	明るい	117
밤	夜	56, 65
밥	ご飯	56, 68, 71
방	部屋	44, 89, 105
방학	休み	48, 49
배	お腹・梨・船	87, 93, 108
배우	俳優	28, 37
배우다	学ぶ	60, 68
배추	白菜	72
백	百	53, 101
백화점	デパート	40, 42, 65
버스	バス	80, 82, 85
(옷을) 벗다	（服を）脱ぐ	96
별로	あまり	89, 100
병	病気	118
병원	病院	28, 40, 108
보다	見る・観る	56, 60, 69
보통	普通・普段	58, 70, 109
복숭아	桃	72, 75
봄	春	104, 106
부끄럽다	恥ずかしい	103
부산	釜山	41, 83
분	分	53, 56, 81
불고기	プルゴギ	72
(바람이) 불다	（風が）吹く	104
불편(하다)	不便だ	80
비	雨	104
비빔밥	ビビンパ	72, 74
비슷하다	似ている	88, 90
(값이) 비싸다	（値段が）高い	96, 116
비행기	飛行機	80, 87
빨간색	赤色	96, 98
빨래방	コインランドリー	44

| 빵 | パン | 45, 72, 75 |
| 빵집 | パン屋 | 40, 43 |

사	4つ	32, 47
사과	リンゴ	72, 75, 105
사귀다	付き合う	112, 113
사다	買う	77, 85
사람	人	24, 101, 113
사랑(하다)	愛（する）	112
사랑방	座敷	44
사십	40	48, 53
사월	4月	48, 53
사이즈	サイズ	96
사전	辞書	33, 52
사진	写真	39, 44, 55
산	山	76
산책(하다)	散歩（する）	60, 65, 117
살	歳	36, 115
살다	住む	41, 68, 109
삼	3つ	48, 52
삼겹살	サムギョプサル	72, 93
삼십	30	48, 53
삼월	3月	48, 53
삿포로	札幌	41, 87
색	色	96
색깔	色合い	103
생선	魚	72, 75, 119
생일	誕生日	48, 55
생활	生活	115
샤워(하다)	シャワー（する）	59
서울	ソウル	41, 116
서점	書店	85
선물(하다)	プレゼント（する）	99, 103
선생님	先生	28, 39, 109
선택(하다)	選択（する）	115
설날	お正月	48, 51
섬	島	87
성격	性格	114, 115
세 N	3 N	44, 52
세수(하다)	顔を洗う	56, 59
섹시(하다)	セクシーだ	112
셋	3	44, 52
소개(하다)	紹介（する）	24
소고기	牛肉	72
소설	小説	60, 63
소주방	焼厨房	44
소파	ソファ	45, 55
손	手	108
쇼핑(하다)	買い物（する）	48, 64, 96
수업	授業	68, 88, 93
수영(하다)	水泳（する）	61, 63
수요일	水曜日	64, 73
숙제(하다)	宿題（する）	56, 88
술	お酒	72, 93
쉬다	休む	64, 76, 108
쉽다	優しい	88, 90
스마트폰	スマートフォン	101
스물	20	52
스시	寿司	75
스트레스	ストレス	108, 111
스파게티	スパゲッティ	72, 75
습도	湿度	104
시	時	52, 56
시간	時間	33, 37, 81
시계	時計	44, 46, 96
시내	街	66, 85
시원하다	涼しい	104
시월	10月	48

시장	市場	65, 87
시청	市役所	28
시합	試合	95
시험	試験	88, 100
식당	食堂	30, 40, 65
식사(하다)	食事（する）	56, 119
신다	履く	96
신발	履物	79, 96, 97
신칸센	新幹線	80
싫다	嫌だ	92, 94
심심하다	退屈だ	64, 115
심하다	ひどい	110
십	10	48, 53
십만	10万	101
싱겁다	味が薄い	108
싸다	安い	89, 96
싸우다	ケンカする	112
쌀쌀하다	肌寒い	104, 106, 113
쓰기	ライティング	88
쓰다	書く	88
쓰다	（帽子を）かぶる	96
-씨	～さん	25

ㅇ

아	あ	107
아내	家内	32
아뇨	いいえ	36, 73
아니요	いいえ	29, 36
아래	下	44
아르바이트	アルバイト	48, 57, 64
아무것	何も	67, 76, 85
아버지	お父さん	32
아빠	パパ	32
아주	とても	74, 87, 89
아직	まだ	113, 114
아침	朝・朝食	56, 58, 68
아파트	アパート	41, 55
아프다	痛い	93, 108, 109
아홉	9	44, 52
안	～ない	57, 73, 84
안	中	44
안경	メガネ	96
안녕히 가세요.	さよなら	22
안녕히 계세요.	さよなら	22, 116
안녕하세요.	こんにちは	22, 26, 87
앉다	座る	88, 110
알다	知る・分かる	113
앞	前	40, 52
애니메이션	アニメ	60
액션	アクション	73
야구	野球	60, 73
야채	野菜	75, 108
약	薬	108, 110
약국	薬局	108
약사	薬師	108
약속(하다)	約束（する）	37, 92, 101
약하다	弱い	104
양말	靴下	96
어디	どこ	41, 52
어떤	どんな	113, 114
어때요?	どうですか	90, 106
어렵다	難しい	88, 89, 100
어머니	お母さん	32
어서 오세요.	いらっしゃいませ	98, 100
어제	昨日	56, 65, 104
언니	姉	32, 39, 45
언어	言語	38
언제	いつ	49, 52
얼굴	顔	108, 113

얼마예요?	いくらですか	97, 101
얼마나	どれくらい	81, 82, 100
엄마	ママ	32
없다	無い・いない	33, 36, 37
에어컨	エアコン	44, 46
여기	ここ	40, 52, 101
여덟	8	44, 52, 58
여동생	妹	32
여러분	皆さん	71
여름	夏	104, 106, 116
여보세요	もしもし	107
여섯	6	44, 52
여자 친구	彼女・女友達	45, 73
여자	女	26, 112
여행(하다)	旅行（する）	48, 60
역	駅	80, 82
연상	年上	112
연애(하다)	恋愛（する）	112
열	熱	108, 110
열	10	44, 52
열심히	一生懸命に	90
영국	イギリス	24, 25
영어	英語	24, 61
영화	映画	64, 69, 73
영화관	映画館	65, 77
옆	横	40
예쁘다	綺麗だ	55, 96, 112
오	5	48, 52
오늘	今日	56, 84
오다	来る	57, 85, 104
오른쪽	右	40
오빠	兄	32, 37, 39
오사카	大阪	41, 81
오십	50	48, 53
오월	5月	48, 53
오전	午前	94
오케이	OK	92
온돌	オンドル	40
온천	温泉	76, 93
올해	今年	105
옷	服	96, 98, 113
왜	なぜ	77, 85, 94
외국	外国	119
외국어	外国語	60
외롭다	寂しい	115
외모	外見	118
왼쪽	左	40
요리(하다)	料理（する）	50, 61, 76
요리사	料理人	28
요일	曜日	64, 84
요즘	最近	92, 100, 110
우동	うどん	72, 75, 84
우리	私たち	32, 93, 97
우유	牛乳	45, 72, 75
운동 선수	運動選手	28
운동(하다)	運動（する）	64, 73, 76
운전(하다)	運転（する）	61, 63
원	ウォン	97, 101
월	月	48, 50, 53
월요일	月曜日	64, 66
위	上	44, 46
유월	6月	48, 53
유행(이다/하다)	流行っている	96, 110, 113
육	6	48, 52
육십	60	48, 53
은행	銀行	28, 40, 42
은행원	銀行員	28
음…	うん	46, 90
음료	飲料	72, 75
음식	食べ物・料理	72, 75, 105

음악	音楽	60, 64
의사	医者	28, 36, 108
의자	椅子	40, 44
이 N	この N	97, 101
이	2	48, 52
이거	これ	97, 98, 101
이것	これ	97, 98, 101
이름	名前	24, 26, 36
이모	母の姉妹	32
이번	今 ~・今度	76, 95
이벤트	イベント	95
이십	20	48, 53
이야기(하다)	話す	71, 88, 103
이용(하다)	利用（する）	86
이월	2 月	48, 53
이태리	イタリア	75
이혼(하다)	離婚（する）	112
인기	人気	113, 117
인스턴트	インスタント	108
일(하다)	働く	56, 77
일	日	48, 53
일	1	48, 52
일곱	7	48, 52
일본	日本	24
일본어	日本語	24, 90
일어나다	起きる	56, 58, 59
일요일	日曜日	64, 71
일월	1 月	48, 53
일찍	早く	87, 92
읽기	リーディング	88, 91
읽다	読む	56, 88, 100
입	口	109
(옷을) 입다	（服を）着る	96
있다	いる・ある	68, 109, 113

자기소개	自己紹介	24
자다	寝る	56, 64, 76
자동차	自動車	80
자전거	自転車	80, 82, 85
자주	よく	60, 75
작년	昨年	105
작다	小さい	96, 112
잘생기다	ハンサムだ	112, 113
잘하다	上手だ	61, 69
잠	眠り	56, 111
잠시	しばらく・ちょっと	98
잠자다	寝る	93
장마	梅雨	104
장소	場所	54, 92
재미없다	つまらない・	
	面白くない	64, 117
재미있다	面白い	55, 64, 84
재즈	ジャズ	63
저	あの	26, 98
저 N	あの N	97, 101
저	私	25, 26, 29
저거	あれ	97, 98
저것	あれ	97, 98, 101
저기	あそこ	40, 81, 101
저녁	夕方	55, 56, 71
적다	少ない	108
전공	専攻	24, 31, 36
전천	電車	80, 82
점심	昼食・昼	56, 69, 93
젓가락	お箸	85
정도	程度	119
정류장	停留場	80, 82, 86
정말	本当	74, 87, 94

제 N	私の N	25, 97, 101
제일	一番	90, 111, 117
제주도	濟州道	87
조금	少し	90, 100, 106
좀	ちょっと	92, 93, 97
좋다	いい・よい	64, 104, 112
좋아하다	好きだ	49, 68, 69
죄송하다	申し訳ない	92
주	週	75, 119
주다	あげる	88, 98, 100
주말	週末	64, 66, 68
주무시다	お休み	109
주부	主婦	28, 29, 39
주스	ジュース	72, 75
죽다	死ぬ	112
중간 시험	中間試験	105
중국	中国	24, 93
중국어	中国語	24
중요(하다)	大切だ	88, 115
증상	症状	118
지갑	財布	45, 96
지금	今	49, 56, 68
지난주	先週	71, 76
지내다	過ごす	107
지진	地震	104
지하철	地下鉄	80, 81, 85
직업	職業	28, 115
직장	職場	38, 39
질문(하다)	質問（する）	33, 88
집	家	40, 41, 52
집안일	家事	76, 115
짜다	塩辛い	16, 72, 105
짜장면/자장면	ジャージャー麺	48, 75
짧다	短い	112, 114
짬뽕	ちゃんぽん	75

쯤	頃	58, 68, 81
(사진을) 찍다	（写真を）撮る	60, 117
찜질방	チムジルバン	44

ㅊ

착하다	善良だ	112, 113, 114
참	とても	55, 66, 71
책	本	45, 56
책방	本屋	44
책상	机	44, 55
천	1,000	101
청소(하다)	掃除（する）	76, 77, 79
초대(하다)	招待（する）	103
추석	秋夕	48, 51
축구	サッカー	60, 61
축제	祭り	48, 93
축하하다	祝う	50
춥다	寒い	89, 104, 105
취미	趣味	24, 60, 62
층	階	41, 53, 55
치마	スカート	95, 97, 113
친구	友達	27, 33, 36
친절(하다)	親切だ	112, 116
칠	7	48, 52
칠십	70	53
칠월	7月	48, 50
침대	ベッド	44, 45, 46

ㅋ

카드	カード	45
카페	カフェ	65, 72
커피	コーヒー	66, 105, 116
커피숍	コーヒーショップ	66, 77

컴퓨터	コンピューター	44, 55
코	鼻	108
코미디	コメディー	63, 73
콘서트	コンサート	93, 100
콜라	コーラ	75
콧물	鼻水	108, 110
크다	大きい	96, 112, 113
크리스마스	クリスマス	48, 49, 95
클래식	クラシック	60, 61, 73
키	背	112, 114

ㅌ

(버스를) 타다	（バスに）乗る	80
타입	タイプ	114
태풍	台風	104
택시	タクシー	80, 85
터미널	ターミナル	80
테니스	テニス	62, 73
텔레비전	テレビ	44
토요일	土曜日	55, 64, 71
통통하다	ぽっちゃりしている	114
특히	特に	74, 75
티셔츠	Tシャツ	96

ㅍ

파	長ネギ	72
파란색	青色	96
파티(하다)	パーティー（する）	49, 50
팔	腕	108
팔	8	48, 52
팔십	80	53
패션	ファッション	102
페이지	ページ	100

편리(하다)	便利だ	80, 82
편의점	コンビニ	40, 45
편지	手紙	96
편하다	楽だ	115
평균	平均	83, 115
포도	ぶどう	72, 73
표	チケット	80
푹	よく	87, 108, 110
프랑스	フランス	93
피곤(하다)	疲れる	64, 87, 101
피자	ピザ	72

ㅎ

하나	1つ	32, 37
하다	する	53, 56
하루	一日	59
하지만	でも	61, 74, 89
학교	学校	40, 52, 57
학년	学年・年生	29, 36, 40
학력	学歴	115
학생	学生	28, 30, 36
학습	学習	88
한 N	1 N	32, 37
한국	韓国	24, 81, 87
한국어	韓国語	24, 61, 88
한라산	ハルラ山	87
한잔(하다)	一杯（する）	93
할머니	おばあさん	32
할아버지	おじいさん	32
함께	一緒に	117
향수	香水	96
허리	腰	108
헤어지다	別れる	112
형	兄	32, 34

호선	号線	81, 85
혼자	1人	55, 71, 115
화요일	火曜日	64, 84
화장(하다)	化粧（する）	56
화장실	化粧室	40, 41
화장품	化粧品	79, 96
환자	患者	111
회	刺身	72
회사	会社	28, 42
회사원	会社員	28, 30, 36
휴일	休日	111
흐리다	曇る	104, 118
흰색	白色	96
힘들다	大変だ	64, 65, 115
힙합	ヒップホップ	61, 73

著者紹介

金昌九（キム・チャング）

文学博士（韓国語学）

専門分野は、韓国語教育（特に、第2言語習得論、教材開発論）

著書に、『テーマで読む韓国語［初級上〜中級編］』『テーマで読む韓国語［中級編］』『テーマで読む韓国語［中級〜中上級編］』『テーマで学ぶ TalkTalk 韓国語［中級編］』（いずれも共著、駿河台出版社）などがある。

PPT、WorkBook 等の各種授業資料については、下記よりダウンロードいただけます。質問などは著者のメールアドレス（cofla9@gmail.com）までお問い合わせください。

PC 用 Address

https://www.dropbox.com/sh/26li31v9mk81a6g/AABm-W8x2pbcBmh5WNQ2elcVa?dl=0

スマートフォン用 QR Code

新装版
テーマで学ぶ韓国語（入門〜初級）

2020.4.10　初版第1刷発行
2024.4.25　初版第4刷発行

発行所　　株式会社　**駿河台出版社**

発行者　上野　名保子

〒101-0062　東京都千代田区神田駿河台 3-7
電話　03-3291-1676
FAX　03-3291-1675
E mail : edit@e-surugadai.com
URL : http://www.e-surugadai.com

組版・印刷・製本　萩原印刷株式会社

ISBN978-4-411-03133-4　C1087　¥2100E